JN064471

［Q&A］
自己株式の
取得・処分・消却
に係る
税務

税理士／
1級ファイナンシャル・プランニング技能士

伊藤 俊一 著

LOGICA
ロギカ書房

はじめに

　自己株式の取得、処分、消却は課税実務における頻出事項です。実務では既に浸透している当該論点について令和4年度税制改正に係る論点、また、理解しているように思えていざ実務で遭遇すると戸惑ってしまうような論点について本書で強調して説明しています。

　本書の大きな特徴は、以下の点に集約されます。
・初級者から上級者まで幅広い読者のニーズにこたえるものを意識しています。
・論点は意図的にニッチな分野まで踏み込んで、特に網羅性を重視しています。そのため、類書では軽く扱っている記載についても誌面の許す限り詳細な解説をしています。
・裁決・裁判例についても網羅性を重視し、できるだけ実務上のヒントになるような汎用性のあるものを厳選して掲載しています。
・評価は「不知・うっかり」で失念することが大半であり、苦手意識を持っている実務家が多いため表現はできるだけ平易に、また、随所に非常に簡単な「よくある」事例を組み込み、具体的な取引をイメージしていただけるようにしました。一方で、実務上稀な事例についても上級者向けに汎用性のある取引のみを厳選し掲載しています（この点に関しては論点の切り貼りと感じられる読者もいらっしゃることと存じますが、課税実務での多くの失敗は「不知・うっかり」によるものです。したがって、論点は誌面の許す限り掲載しました。あくまで「普段よく使う周辺課税実務」にこだわっています）。

　最後に、株式会社ロギカ書房代表取締役橋詰守氏には企画段階から編集等、力強くサポートしていただいたこと、本書の実例作成にあたり多くを

参照させていただいた、普段から良質な御質問をくださる税務質問会（https://myhoumu.jp/zeimusoudan/）会員様に心から感謝申し上げます。

令和5年10月

税理士　伊藤　俊一

【目 次】

第3章　自己株式取得、消却、処分等々に係る　考え方と計算事例

【凡例】

相法	相続税法
相令	相続税法施行令
相基通	相続税法基本通達
所法	所得税法
所令	所得税法施行令
所基通	所得税基本通達
法法	法人税法
法令	法人税法施行令
法基通	法人税基本通達
消法	消費税法
措法	租税特別措置法
措通	租税特別措置法関係通達
評基通	財産評価基本通達
地法	地方税法
地令	地方税法施行令
会社法	会社法
会規	会社法施行規則
民法	民法
民訴法	民事訴訟法
所令109①三	所得税法施行令第109条第1項第3号

本書は、令和5年9月1日の法令・通達に基づいています。
ただし、当局内部資料は旧法条文・通達になっている場合
もあります（原文ママということ）。

第1章

自己株式取得の基本

Q1-1　自己株式の概要

自己株式について概要を教えてください。

Answer

　会社法においては、法人が発行済の自己株式を買い戻し、そのまま保有することが認められています。この保有し続ける株式を「金庫株」といいます。金庫株は消却（消滅）、あるいは処分（譲渡）することも可能です。この場合、財源規制もあります。

　非上場会社における取得の方法としては、ミニ公開買付、特定の株主から株式を取得する方法が考えられます。

【解 説】

　株式会社が自己株式を取得できる代表的な場合として下記があります。

①　取得条項付株式

　　一定の条件が成就したことにより会社が取得する場合（会社法155一）

②　譲渡制限株式について譲渡承認しなかった場合の承認請求株主からの買取り（会社法155二）

③　株主との合意による取得（会社法155三）

④　取得請求権付株式

　　株主からの取得請求に応じて会社が取得する場合（会社法155四）

⑤　株主総会決議に基づいて、全部取得条項付種類株式を会社が取得する場合（会社法155五）

⑥　相続により株式を取得した株主に対する売渡請求（会社法155六）

⑦　単元未満株式の買取り（会社法155七）

⑧　不明株主の株式の買取り（会社法155八）

⑨　端数株式の買取り（会社法155九）

⑩　事業の全部譲受け・合併・吸収分割による承継（会社法155十、十一、十二）

⑪　自己株式を無償で取得する場合その他法務省令で定める場合（会社法155十三、会規27）

取得し保有している自社株式を金庫株といいます。株式会社は、金庫株を消却することにより消滅させることができます（会社法178①）。また、金庫株を処分することによりその株式を新たな株主に譲り渡す（割り当てる）こともできます（会社法199）。

金庫株の処分は、新たに株式を引き受ける者が存在する点で新株発行と同様です。そのため、会社法では、金庫株の処分と新株の発行について株主を募集する際の手続規定が同一の条文となっています（会社法199〜202）。株式の併合と分割については、会社法上、発行会社である株式会社を株主から除外する規定は設けられていないので、その効力は自己株式にも及びます。

また、次の株式は、会社法上、一定の事由が発生することにより株式会社がこれらの株式を自己株式として取得することを定めています。

イ　取得条項付株式（会社法2十九）

株式を発行する株式会社が一定の事由が生じたことを条件として、その株式を取得できる株式です。

取得条項付株式を発行し、株主の死亡や従業員株主の退社を「一定の事由」として予め定めておけば、株主の相続等による株式の分散を防止することができます。

ロ　取得請求権付株式（会社法2十八）

株主が株式を発行する株式会社に対して、その株式の買取りを請求できる株式です。取得請求権付株式の株主が株式会社にその株式の買取りを請求すれば、株式会社は、取得請求権付株式を自己株式として取得することになります。

ハ　全部取得条項付種類株式（会社法108①七、171）

株式を発行する株式会社が株主総会の特別決議によって、その種類の株式の全部を取得できる株式です。

なお、⑦単元未満株式の買取り（会社法155七）、⑩事業の全部譲受け・合併・吸収分割による承継（会社法155十、十一、十二）、⑪自己株式を無償で取得する場合その他法務省令で定める場合（会社法155十三、会規27）以外の事由による株式会社の自己株式の取得については、買取可能金額に上限が設定されています。これを財源規制といいます。

株式会社が自己株式を保有する場合、その株式の株主はその（発行会社である）株式会社となります。

ただし、株式会社が自社の発行する株式の株主として権利を行使することが好ましくない場合もあります。

そのような場合、会社法上、株式会社を株主から除外し、株主としての権利が行使できない旨の規定が設けられています。

株主の権利のうち次のものについては、その行使が認められません。

a　配当請求権（会社法105①一、454③）

b　残余財産分配請求権（会社法105①二、504③）

c　総会における議決権（会社法308、325）

d　総会の招集請求権（会社法297、325）

e　解散の訴えの提起権（会社法833）

f　株式の割当を受ける権利（会社法202②）

g　株式の無償割当を受ける権利（会社法186②）

h　支配株主による株式等売渡請求　等

Q1-2　自己株式を取得する方法

> 株主との合意により自己株式を取得する方法をご教示ください。

Answer

　株式会社が株主との合意により自己株式を取得する方法は、下記2つです。

① 　株主総会普通決議による全株主を対象に取得する方法（ミニ公開買付）

② 　株主総会特別決議による特定の株主を対象に取得する方法

【解 説】

1 　株主総会普通決議による全株主を対象に取得する方法（ミニ公開買付）

　当該手法は、

　1）事前に株式会社が株式買取りの条件を株主全員に通知する

　2）事前に通知することで、株式譲渡人の募集をする

という手順を踏むことで、株式議渡の機会を株主に平等に与えようとするものです。これが「ミニ公開買付」と呼ばれる所以です。

　この方法による自己株式の買取りまでの全体の流れは、おおよそ次のようになります。

　イ 　株主総会の普通決議

　　　株主総会の普通決議をします。その際予め下記a〜cについての事項を定めます。なお、この場合の普通決議は、定時株主総会に限らず臨時株主総会による決議でも問題ありません（会社法156①）。

　　a 　取得する株式の数（種類株式発行会社の場合は、株式の種類及び種類ごとの数）

　　b 　株式を取得するのと引換えに交付する金銭等の内容及び総額

　　c 　株式を取得することができる期間（ただし1年を超えることはでき

　　ません）

　ロ　取得条件の決定

　　　上掲「イ　株主総会の普通決議」の決定により、株式会社が自己株
　　式を取得しようとするときには、その都度、取締役（取締役会設置会
　　社の場合は取締役会）が次の事項を定める必要があります（会社法
　　157）。

　　a　取得する株式の数（種類株式発行会社にあっては、株式の種類及び数）

　　b　株式1株を取得するのと引換えに交付する金銭等の内容及び数
　　　もしくは額又はこれらの計算方法

　　c　株式を取得するのと引換えに交付する金銭等の総額

　　d　株式譲渡の申込期日

　ハ　株主に対する通知

　　　株式会社は、全株主（種類株式発行会社の場合は取得する種類株式の
　　種類株主）に対し、上掲「ロ　取得条件の決定」の内容を通知する必
　　要があります（会社法158）。

　ニ　株主からの申込み

　　　株主は、上掲「ハ　株主に対する通知」を受けて、株式会社に対し
　　て株式譲渡の申込みをすることができます。

　　　この場合、株主は売却を申し込む株数と、種類株式の場合はその種
　　類もあわせて明示する必要があります（会社法159①）。

　　　申込みがあったとき、上掲「ロ　取得条件の決定　d　株式譲渡の
　　申込期日」において、株式会社が株式の買取りを承諾したものとみな
　　されます（会社法159②）[1]。

1　株主からの譲渡申込株式の総数が、株式会社の取得する株式の総数を超えるときは、株
　式会社は次の算式で計算した株式の譲渡を承諾したものとみなされます（会社法159②）。

$$\frac{株式会社の取得する株式の総数}{株主が譲渡の申込みをした株式の総数} \times その株主が譲渡の申込みをした株式の数$$

2　株主総会特別決議による特定の株主を対象に取得する方法

　特定の株主との合意を前提に、その株主のみから自己株式を買い取るものです。特定の株主に対してのみの上掲 **1** 株主総会普通決議による全株主を対象に取得する方法（ミニ公開買付）「ハ　株主に対する通知」を行います。そしてその特定の株主からのみ自己株式を買い取ろうとするものです。

　これは上掲 **1** 株主総会普通決議による全株主を対象に取得する方法（ミニ公開買付）と異なり株主平等の原則に反することから、手続きとしては、上掲 **1** 株主総会普通決議による全株主を対象に取得する方法（ミニ公開買付）と同じですが、下記の点で異なる手続きが定められています。

　全体の流れは下記のイ～二になります。

　イ　株主総会の特別決議

　　株主総会の特別決議により、**1** 株主総会普通決議による全株主を対象に取得する方法（ミニ公開買付）「イ　株主総会の普通決議」に挙げられている事項に加えて、特定の株主にのみ買取りの通知をすることを決議する必要があります（会社法160①）。

　　この場合、株式会社の株主は、原則として株主総会の日の5日前までに、決議事項の（買取りの対象となる通知を受ける）「特定の株主」の中に自己を加えるよう、その株式会社に請求することができます（会社法160③）。

　　一方で、株主の権利を確保するため、株式会社は、原則、株主総会の日の2週間前までに、すべての株主に対し、その請求ができることを通知する必要があります（会社法160②）。

　　株主総会の特別決議が必要となります（会社法160①、309②ニ）が、この特別決議は、定時株主総会に限らず臨時株主総会による決議で問題ありません（会社法156①）。この決議は、買取り対象とされた特定の株主以外の株主のみで決議が行われます（会社法160④）

　ロ　取得条件の決定

ハ　株主に対する通知

　　買取対象となる特定の株主のみに対して通知を行います。

ニ　株主からの申込み

　　なお、買取り対象となる「特定の株主」に自己を加えることを株主総会の議案とするよう会社に請求できない場合として代表的なものに下記の2例が挙げられます。

1）相続人等から取得する場合の特例

　　相続、合併その他の一般承継により株式を取得した者から、その承継した株式を発行会社である非上場会社が買い取る場合、特例として、他の株主は自己を買取り対象の特定の株主に追加する旨の請求ができません[2]。

2）定款の規定による特例

　　株式会社は、特例として、自己株式の買取りの際に、その株式を買い取ろうとする特定の株主以外の株主が、自己を特定の株主に加えるように請求できないようにするため、定款規定により、その請求ができないように定めることが可能です（会社法164①）[3]。

　　株式会社が自己株式を取得するような場合においては、会社法上は子会社による親会社株式の保有禁止（会社法135①）のような制限はありません。すなわち、自己株式としてそのまま保有し続けること（金庫株）ができます。

2　相続などの一般承継により株式を取得した者が、発行会社である非上場会社の株主総会又は種類株主総会で議決権を行使している場合には、この特例の適用はないものとされます（会社法162）。

3　株式の発行後に定款を変更してこの規定を設けようとするためには、その株式を有する株主全員の同意が必要です（会社法164②）。

Q1-3　エビデンスの集め方

> 　取引相場のない株式を同族特殊関係者間で譲渡した場合のエビデンスについて教えてください。

Answer

　下記が一連の流れとなります。なお、取引相場のない株式を同族特殊関係者間で譲渡する場合、別途税務上適正評価額の算定が必要になります。さらにそれが税務上適正評価額であるかどうかの検討を稟議書で行い、株価算定書を添付する必要があります。

【解 説】

1　初動

　株価算定時に株価算定チェックリストをもとに納税者に資料を用意させます。

　最初に、

・全部履歴事項証明書

・定款

・株主名簿（真正なもの）

を確認します。

登記事項証明書（会社謄本）（例）★1

株券を発行する旨の定め	当会社の株式については、株券を発行する 平成17年法律第87号 第136条の規定により 平18年5月1日登記

★1　中小企業の場合、発行会社であれば速やかに不発行会社へ切り替えます。株券発行会社の場合、株券という現物なき状態ので株式異動（譲渡、相続、贈与、遺贈等々）は形式基準に抵触する可能性があります。

定款（例）（株式部分の抜粋）

> 第2章　株　式
>
> 　第5条　当会社の発行可能株式総数は、○○○株とする。
>
> 　第6条　当会社の発行する株式の譲渡による取得については、取締役会の承認を受けなければならない。
>
> 　第7条　当会社は、相続その他の一般承継により当会社の譲渡制限の付された株式を取得した者に対し、当該株式を当会社に売り渡すことを請求することができる。
>
> 　第8条　当会社の株式の取得者が株主の氏名等の株主名簿記載事項を株主名簿に記載又は記録することを請求する場合には、当会社所定の書式による請求書に記名押印しその取得した株式の株主として株主名簿に記載若しくは記録された者又はその相続人その他の一般承継人と株式の取得者が署名又は記名押印し、共同してしなければならない。
>
> 　第9条　第8条の請求をする場合には、当会社所定の手数料を支払わなければならない。

（参照）

譲渡制限株式の定款

取締役会設置会社	株主総会設置会社
第7条　当会社の発行する株式の譲渡による取得については、取締役会の承認を受けなければならない。	第7条　当会社の発行する株式の譲渡による取得については、株主総会の承認を受けなければならない。

（参照）

株式譲渡制限の定款（例）（みなし規定あり）

第○条（株式の譲渡制限）

1　当会社の株式を譲渡により取得するには、取締役会の承認を受けなければならない。

2　株主間の譲渡については、取締役会の譲渡承認があったものとみなす。

3　会社の取締役又は使用人を譲受人とする譲渡については、取締役会の譲渡承認があったものとみなす。

株主名簿★1

株式会社○○○○　株主名簿

20××年××月××日現在

株主番号	氏名・名称	住所	種類	株式数	取得年月日	備考
1	○○○○	東京都○○区××	普通	100	xx.xx.xx	設立発行
2	××××	東京都○○区××	普通	50	xx.xx.xx	□□□から相続により取得
3	△△△△	埼玉県○○市××	普通	50	xx.xx.xx	

★1　株主名簿は真正なものであることを確認する必要があります。M&A 実行プロセスの中において法務デューデリジェンスの中で株式異動の変遷を確認しますが、それをできる範囲で行います。

（参照）

法務デューデリジェンスの該当部分雛形は下記です。そこで「○○を参照して作成しております」という注意書きが必ず記載されています。それらについて納税者とのやりとりを全て記録します。可能な限り書証化します。

【株主概要（株式構成）】

○全株普通株式と登記簿謄本より確認しております。

○譲渡制限有（承認機関取締役会）株券発行会社であると登記簿謄本より確認しております。

【株主構成：○年○月末日現在】

氏名	続柄	住所	持株数	持株割合	議決権数	議決権割合
A	本人	○○	430株	71.66%	430個	71.66%
B	妻	○○	170株	28.33%	170個	28.33%
			600株	100%	600個	100%

（注１）登記簿謄本、法人税申告書別表２確認しました。

（注２）平成17年10月１日取締役会議事録確認済みです。

（注３）上記取締役会で○○氏より譲渡済みです。

（注４）○年○月○日現在の株主名簿でA450株、B150株を確認済みです。

（注５）株主名簿と○年○月期法人税申告書別表２の株数の違いは、株主名簿に記載のない株式異動を確認しました。

　上記内容を経理担当者へ確認したところ、A氏からB氏へ平成25年から３年間毎年10株の異動があると報告を受けました。

　上記報告を受け、証拠書類としてB氏の贈与税申告書（H25.26.27）より確認しました。つまり実態の持ち株割合はA氏420株、B氏180株（○年○月期段階）となっています。

【株主推移表】

	A	B	C	D	E	F	G	H	譲渡事由
				株主名					
S61.2.8	140	40	60	60	40	40	10	10	（注）設立時
S63.8.8	50			▲60			10		（注）60株を50株と10株へ譲渡
S63.8.8		20	20			▲40			（注）40株を20株と20株へ譲渡
S63.8.8	10							▲10	（注）10株へ譲渡
S63.12.31		20				▲20			（注）20株へ譲渡
H12.8.29	200								（注）新株発行1,000万円発行
H12.9.30			40	▲40					（注）相続により40株へ譲り受け
H16.10.1	20	20	▲40						（注）40株、20株、20株譲渡
H16.12.27	20		▲20						（注）20株へ譲渡
H17.7.28		20	▲20						（注）20株へ譲渡
H17.9.30	10	30	▲10						（注）40株を10株、30株譲渡
H25.9.1	▲10	10							（注）10株を譲渡
H26.9.1	▲10	10							（注）10株へ譲渡
H27.9.1	▲10	10							（注）10株へ譲渡
計	420株	180株	0	0	0	0	0	0	

【株主推移表】

【財務 DD 時点（○年月○日時点　株主名簿）

A	420	22,000,000
B	180	8,000,000
計	600	30,000,000

（注）・対象会社事務所にある株主名簿より設立からH17.9.30までの履歴を確認しました。
　　　・B 氏の贈与税申告書（平成25年、平成26年、平成27年）より左記 3 年間の株式異動
　　　　を確認しました。なお、上記贈与に伴う契約書等は確認できていません。
　　　・対象会社の平成25年 9 月期、平成26年 9 月期、平成27年 9 月期の法人税申告書別
　　　　表 2 を確認、結果、株主名簿の内容と不一致であることを確認しました。
　　　・上記内容は株主名簿と経理担当者からのヒアリングにより確認しました。

2　譲渡実行

　株式譲渡契約書及び稟議書あるいは株価算定書を用意します。同族特殊
関係者間における譲渡においては税務上の適正評価額が当局念査項目にな
りますので、株価算定書通りの価額で譲渡する場合、あるいはそれとずれ
たとしてもその理由が株価算定書に詳細記載が施している場合、稟議書は
必須ではありません。

　なお、株主総会議事録、又は取締役会議事録はいつも通りですので本書
では詳細は割愛します。

株式譲渡契約書

　○○（以下、譲渡人という）と○○（以下、譲受人という）とは、以下の
とおり契約を締結した。

第 1 条　譲渡人は譲受人に対し、令和○年○月○日をもって★1株式会社○
　　○株式○○株を代金○○円で売り渡し、譲受人はこれを買い受けた。な
　　お、当該株式は各々、別紙の株式数を譲り受けするものとする。★2
第 2 条　譲受人は譲渡人に対し、令和○年○月○日までに代金○○円を支払
　　う。

第3条　譲渡人は譲受人に対し、上記株式売買について、株式会社○
○の取締役会が承認済みであることを保証する。

本契約の締結を証するため本書5通を作成し、各自記名捺印★3のうえ各
1通を保有する。

令和○年○月○日★4★5

（以下略）

★1　受渡日。
　法人税法：原則約定日基準
　消費税法：株券発行会社の場合、株券の引渡し日基準。同時履行の抗弁権により
　通常同一日となります。
★2　株券発行会社の場合、別途株券の引渡し条項を付与します。
★3　金額的に重要性があるものは、印鑑証明書、場合よっては確定日付が必要とな
　ります。
★4　約定日。
★5　令和4年3月2日裁決週刊T&Amaster「贈与契約に顕名なしも、代理行為
　は有効（2022年10月3日号・No.948）」もご参照ください。

（株価算定書例）

　下記は個人から法人売買の例になっていますが、個人から個人、法人か
ら個人、法人から法人でも項目は一緒です。しかし、当然ながら適用され
る税務上適正評価額は変わります。

（パターン1）
1　評価目的
　代表取締役社長××が○○株式会社株式をホールディングス（仮）へ売
却する場合の評価額を算定すること。

2　評価額
　上記1の評価目的より、○○株式会社株式については、所得税基本通達
59－6の規定を適用して評価額を算定した。

　　○○株式会社株式評価額

　　評価基準日　令和5年2月10日時点

　　評価額　1株当たり1,000円

所得税基本通達59-6

（株式等を贈与等した場合の「その時における価額」）

59-6　法第59条第1項の規定の適用に当たって、譲渡所得の基因となる資
　　産が株式（株主又は投資主となる権利、株式の割当てを受ける権利、新株
　　予約権（新投資口予約権を含む。以下この項において同じ。）及び新株予
　　約権の割当てを受ける権利を含む。以下この項において同じ。）である場
　　合の同項に規定する「その時における価額」は、23～35共-9に準じて算
　　定した価額による。この場合、23～35共-9の(4)ニに定める「1株又は1
　　口当たりの純資産価額等を参酌して通常取引されると認められる価額」に
　　ついては、原則として、次によることを条件に、昭和39年4月25日付直資
　　56・直審（資）17「財産評価基本通達」（法令解釈通達）の178から189-
　　7まで（（取引相場のない株式の評価））の例により算定した価額とする。

(1)　財産評価基本通達178、188、188-6、189-2、189-3及び189-4
　　　中「取得した株式」とあるのは「譲渡又は贈与した株式」と、同通達
　　　185、189-2、189-3及び189-4中「株式の取得者」とあるのは「株
　　　式を譲渡又は贈与した個人」と、同通達188中「株式取得後」とあるの
　　　は「株式の譲渡又は贈与直前」とそれぞれ読み替えるほか、読み替えた
　　　後の同通達185ただし書、189-2、189-3又は189-4において株式を
　　　譲渡又は贈与した個人とその同族関係者の有する議決権の合計数が評価
　　　する会社の議決権総数の50％以下である場合に該当するかどうか及び読
　　　み替えた後の同通達188の(1)から(4)までに定める株式に該当するかどう
　　　かは、株式の譲渡又は贈与直前の議決権の数により判定すること。

(2)　当該株式の価額につき財産評価基本通達179の例により算定する場合
　　　（同通達189-3の(1)において同通達179に準じて算定する場合を含む。）
　　　において、当該株式を譲渡又は贈与した個人が当該譲渡又は贈与直前に
　　　当該株式の発行会社にとって同通達188の(2)に定める「中心的な同族株

主」に該当するときは、当該発行会社は常に同通達178に定める「小会社」に該当するものとしてその例によること。

(3)　当該株式の発行会社が土地（土地の上に存する権利を含む。）又は金融商品取引所に上場されている有価証券を有しているときは、財産評価基本通達185の本文に定める「1株当たりの純資産価額（相続税評価額によって計算した金額)」の計算に当たり、これらの資産については、当該譲渡又は贈与の時における価額によること。

(4)　財産評価基本通達185の本文に定める「1株当たりの純資産価額（相続税評価額によって計算した金額)」の計算に当たり、同通達186－2により計算した評価差額に対する法人税額等に相当する金額は控除しないこと。

（パターン2）

1　評価目的

　　代表取締役社長××が○○株式会社株式をホールディングス（仮）へ売却する場合の評価額を算定すること。

2　評価額

　　上記1の評価目的より、○○株式会社株式については、所得税基本通達59－6の規定を適用して評価額を算定した。

　　　○○株式会社株式評価額

　　評価基準日　令和5年2月10日時点

　　評価額　1株当たり1,000円

○所得税基本通達59－6

　　パターン1と同じ。

　　なお、実際の売買にあたっては実務慣行上10%のディスカウントを行う場合もある。

　　その場合の評価額は下記の通りである。

○○株式会社株式評価額

評価基準日　令和5年2月10日時点

評価額　1株当たり900円

（パターン3）

1　評価目的

　　代表取締役社長××が○○株式会社株式をホールディングス（仮）へ売却する場合の評価額を算定すること。

2　評価額

　　上記1の評価目的より、○○株式会社株式については、所得税基本通達59－6の規定を適用して評価額を算定した。

　　○○株式会社株式評価額

　評価基準日　令和5年2月10日時点

　評価額　1株当たり1,000円

○所得税基本通達59－6

　　パターン1、2と同じ

　　なお、実際の売買にあたっては実務慣行上10％のディスカウントを行う場合もある。

　　その場合の評価額は下記の通りである。

　　○○株式会社株式評価額

　評価基準日　令和5年2月10日時点

　評価額　1株当たり900円

　なお、参照すべき裁決・裁判例・判例は多岐にわたるが、本案件の評価につき参照した事例について下に列挙する[4]。

○大阪地裁昭和53年5月11日判決

　相続対策に伴う株式の売買価格が問題となった事例。裁判所は評価の困難性を認め、各種の評価方法を併用して時価を算定し、著しく低い対価とは3/4未満（75％未満）と認定。

○大阪地裁昭和62年6月16日判決

　時価として類似業種比準価格を採用し、著しく低い価格の判断基準として時価の60％を用いて判断した事案。

○東京地裁平成19年8月23日判決

　親族間で相続税評価額を対価とする譲渡（譲渡損失が生じて、損益通算した申告がなされた）が行われたところ、課税庁はその対価は「著しく低い」として、みなし贈与を適用して更正処分をしたところ、裁判所は相続税評価額を譲渡対価とした場合の、その対価は「著しく低い対価」とは言えないとして課税処分を取り消した事案（時価の約80％）。

○平成13年4月27日裁決

　納税者は親子間の底地売買価格は時価を上回ると主張したが、審判所は公示価格を基にして時価額4,566万1,363円を算定し、売買価格（時価の59.4％）との差額は1,850万1,000円にも達するので、著しく低い価額の対価にあたるとした事案。

○平成15年6月19日裁決

　原処分庁は、本件の土地建物売買（当該売買価額が時価に占める割合は79.3％）は著しく低い対価に当たると主張したが、売主の祖母は相続によって取得した土地家屋（長期に保有）を、借入金を返済するため、買主の孫は自らの将来を考え、金融機関から融資を受けて土地家屋を買い

4　判例概略は、山田俊一『難問事例のさばき方　第2集』（ぎょうせい、2016）90頁～92頁を参照しています。

受けたもので、売買価格は固定資産税評価額などを斟酌して決定し、この土地建物の相続評価額を超え、これらを勘案すると、著しく低い対価による譲り受けには当たらないと、判断された事案。

〈上記事案のまとめと所感〉

　上記事案を総合的に勘案すると、時価に取引価格の占める割合が80％であるときは「著しく低い対価」に当たらないと思われる。一方で、60％未満では著しく低いと認定された事案があり、また時価の3／4（75％）未満を著しく低い価額と認定した事例もある。

　したがって、過去の裁決・裁判例・判例からは総合的に、「著しく低い対価」の「低い」程度とは、租税の安定性の見地から時価の約80％程度きることであり約20％を安全率と考えるのが無難である。

3　譲渡実行後

　・譲渡所得税の申告

　・株主名簿の書換え

　・法人税別表二の書換え

を行います。

　先述の法務デューデリジェンスにおける過去の株主来歴はこれと株主総会議事録、取締役会議事録をトレースして行いますが、将来においてトレースできる資料を保全することを意識します。

Q1-4 「鈴や金融事件」「東光商事事件」

　配当の意義について「鈴や金融事件」「東光商事事件」の実務上の利用方法を教えてください。

Answer

　両事件の判示は矛盾しており、一貫性がありません。本書は学術書ではないため、それに言及するつもりは一切ありません。課税実務における両判決の利用方法を示します。

【解 説】

○鈴や金融事件

最高裁昭和35年オ第54号源泉徴収所得税並びに加算税決定取消請求上告事件（上告人東京国税局長）（棄却）（納税者勝訴）（TAINZ コード　Z033-0957）

〔判決要旨〕
　所得税法上の利益配当とは、必ずしも、商法の規定にしたがって適法になされたものに限らず、商法の見地から不適法とされる配当（たとえば蛸配当、株主平等の原則に反する配当等）の如きも含まれるものと解すべきであるが、株主相互金融会社が株主に対して支払う優待金なるものは、損益計算上利益の有無にかかわらず支払われるものであり、株金額の出資に対する利益金として支払われるものとのみは断定し難く、取引社会における利益配当と同一性質のものであるとはにわかに認め難いものであるから、所得税法第9条第2号にいう利益配当には当らない。

この判示は、
・まずは原則（一般論として）蛸配当（違法配当）、株主平等原則に反する配当等、商法上不適法な配当であっても、所得税法上の利益配当に

該当

・この事案については、株主相互金融会社の株主優待金は損益計算書上における利益の有無にかかわらず支払われるもので出資金額に対する利益金として支払われる性格を有しない。したがって、所得税法上の利益配当には当たらない。そのため源泉徴収義務も生じない

と示しています。

　これに関する考察は極めて多くあります。ここでは、代表的な見解をまとめたものとして以下を掲載します（引用かっこ内は一部筆者が改変しています。）。

　課税当局の上告理由と上告審判決との結論の差に注目（するべき、所基通24－1、24－2参照）。「配当」は借用概念論でしばしば例に挙げられるが、【商法におけるのと同じ意味で解釈される】が【商法上適法な配当に限定される】に直結するわけではない、という少し厄介な論理構造がある（蛸配当：矛盾（が生じているのか？）。逆の結論のように見える（のが）東光商事事件である[5]

○東光商事事件

最高裁大法廷昭和36年オ第944号所得審査決定取消請求上告事件（棄却）（確定）【株主優待金の性格／株主相互金融会社】（TAINZ コード　Z053－2380）

〔判決要旨〕

(1)　具体的にいかなるものを益金と認め、いかなるものを損金とするかは、単に益金または損金の性質を理論的に解明するだけでなく、さらに租税法

5　講義ノート本体：浅妻章如 立教大学法学部＆法科大学院 租税法2016年
http://www.rikkyo.ne.jp/web/asatsuma/sozeihou.html から引用しています。
　　なお、浅妻先生は、上記本文の後、「［発展］平18改正後の「剰余金の配当」は、「利益の配当」に関する本判決の射程外か？」とも問題提起しています。

の解釈上の諸原則や各個別的規定に現われた法の政策的、技術的配慮をもあわせ参酌しなければ決定できないものというべきである。

(2)　仮に、経済的、実質的には事業経費であるとしても、それを法人税法上損金に算入することが許されるかどうかは別個の問題であり、そのような事業経費の支出自体が法律上禁止されているような場合には、少なくとも法人税法上の取扱いのうえでは、損金に算入することは許されないものといわなければならない。

(3)　株主の募集に際し、株式会社が株式引受人または株式買受人に対し、会社の決算期における利益の有無に関係なく、これらの者が支払った払込金または、代金に対し、予め定められた利率により算出した金員を定期に支払うべきことを約するような資金調達の方法は、商法が堅持する資本維持の原則に照らして許されないと解すべきであり、従って、会社が株主に対し前示約定に基づく金員を支払っても、その支出は、法人税法上は少なくとも、資本調達のための必要経費として会社の損金に算入することは許されないところといわなければならない。

(4)　株主相互金融会社が株式買受人に対して支払う株主優待金は、実質的には、株主が払い込んだ株金に対して支払われるものにほかならず、会社から株主たる地位にある者に対し株主たる地位に基づいてなされる金銭的給付は、たとえ、会社に利益がなく、かつ、株主総会の決議を経ていない違法があるとしても、法人税法上、その性質は配当以外のものではあり得ず、これを上告会社の損金に算入することは許されない。

(5)　株主相互金融会社の株主優待金は、会社が約定に基づき会社の決算期における利益の有無に関係なく、約定利率により算出した金員を定期に支払うものであって、配当とはその性質を異にすること上告会社の主張のとおりとしても、このような金員の支払は、法律上許されないのであるから、少なくともその支出額を必要経費として法人税法上会社の損金に算入することは許されないといわなければならない。

これに関する評釈は極めて多数ありますが、代表的なものとして、

考察　本件の理由：違法な支出の損金不算入／株主たる地位に基づき支払われるものは全て配当

　　奥野反対意見…銀行預金利子と同様であり、事業経費である。違法性は無
　　　　　　　　　関係。
　　松田意見………株主たる地位に基づく金銭給付は全て配当であり、違法性
　　　　　　　　　は無関係。
　　ところで本件の直接の争いは【損金算入の可否】か【配当該当性】か？
　配当と利息費用という二元的構成は採れないのか？　本判決の ratio deci-
　dendi が損金算入不可だけだとすれば、実は「配当以外のものではあり得
　ず」は傍論ということになるのかもしれない。
　　違法支出の損金算入を一般に否定するという筋を採りたくとも、それが判
　例法理として固まっているかについては疑問の余地あり。支出の違法性が損
　金不算入に直結する訳ではないとすれば、損金不算入を補強するために配当
　に該当しないといいたくなるが、すると今度は（鈴や金融事件：会社の損益
　計算上の利益に基づかなければ配当でない）と本件（株主たる地位に基づく
　支払は全て配当）とが矛盾する（のではないか）？　矛盾はないと無理やり
　説明するならば…支払者と受取人とで同じ種類である必然性はない（？）

というものがあります[6]。

　本書は学術書でないため、租税法上の配当概念に言及するのは控えますが、課税実務での利用可能性として以下が考えられます[7]。

6　講義ノート本体：浅妻章如 立教大学法学部＆法科大学院 租税法2016年
http://www.rikkyo.ne.jp/web/asatsuma/sozeihou.html から引用しています。
7　租税法上の配当概念に関する問題提起をコンパクトにまとめたものとして小塚真啓「税
法上の配当概念の過去・現在・未来」http://ousar.lib.okayamau.ac.jp/files/pub-
lic/5/54379/20160623151314254108/sozei_800.pdf をお勧めします。
　また、租税法の配当は借用概念の理解に最適です。このオーソドックスな論点をコンパク
トにまとめたものとして、佐藤英明「最高裁判決から見た租税法の解釈適用」https://
www.tkc.jp/tkcnf/news/~/media/Tkc/tkcnf/news/docs/taxforum2018report_lc1.pdf を
お勧めしておきます。

　分配可能額規制に違反した配当・自己株式取得の場合については、下記の点につき留意が必要です。

　自己株式取得は資本等取引、会社財産の払戻しの性格を有することから、分配可能額による制限を受けます。しかし、分配可能額が不足しているにもかかわらず行った違法配当でも「一定の条件付で」会社法上有効とされる考え方もあります[8]。なお、学説上は無効説が通説です。

　一方、租税法では配当として取り扱われます。

　中小企業では、債権者が違法状態を訴えるケースはほぼ想定できないので、分配可能額がたとえゼロだったとしても、違法配当として問題視されることはまずないと思われます。つまり、自己株式の取得はそのまま有効になり得ます。この取扱いは金銭配当も同様です。

　仮に債権者がなく訴える状況になくても、取締役の任務懈怠責任等の会社法上の責任は生じます。これにつき、役員に対する金銭請求権という益金が法人計上される可能性もあります。

　しかし、従来の課税実務の取扱いは「そもそも違法配当自体が無効であるため（原始的無効）、それに係る益金は計上されない」とされてきました。つまり、そもそも違法配当が会社法上、有効か無効かで益金を計上すべきか、しないかの取扱いが全く異なるわけです。

　課税実務ではこの状況下においては、保守的に最悪なケースを考えるべきです。

　違法配当は会社法上、一定の条件付で有効であり（学説では通説無効）、それ自体に、先ほどの金銭債権請求権という益金が計上されたと仮定すると、当該金銭請求権については、中小・零細企業では回収されることはまずないため、その金銭債権相当額が役員給与認定される恐れがあります

　（定期同額給与、事前確定届出給与でないので当然損金不算入）。さらに源泉所得税も生じます。

8　http://kaishahou.cocolog-nifty.com/blog/2008/03/post_b8c2.htm

　分割型分割においても、税制非適格に該当した場合、分割対価を株主に還流でき、さらに配当や自己株式取得のような財源規制もないため、場合によっては考慮すべき事項です。

　比準要素数０、１の会社が期末配当を行い、比準要素数０、１の会社から脱する方法があります。比準要素数０、１の会社というのは、往々にして債務超過状態にある会社であることが多いものです。このため、一見、配当ができないように思われますが、債権者が訴える状況にないということを確認した上で会社法上の違法配当をしても、租税法上も配当したことになるため、中間配当により、０、１の状態を脱することが可能です。

　比準要素数０、１の会社がその状態から脱するための別の方法として、決算期変更があります。例えば、毎期1,000万円程度の利益が出るような会社があったとして、節税対策を過度に行い、前々期末と前期末の利益が０円となっていたとします。

　利益も出ていない、配当もしていない、とすると、比準要素数０、１の会社になります。この状況下において、株式を移動したい場合、決算期を変更します。決算期を変更してその期で利益を出します。

Q1-5　自己株式を利用した事業承継案

> 自己株式を利用した事業承継案についてご教示ください。

Answer

以下の点につき留意が必要です。

【解 説】

自己株式を利用した事業承継案では、定款の見直しは必須です。

会社法では、定款に「相続その他の一般承継により株式を取得した社員に対し、会社がその株式を売り渡すことを請求することができる」と定めることができるとしています。会社が相続人に対して売渡請求ができるようになり、株式の分散を防止できるようになります。

なお、売渡請求には特別決議が必要です。会社は一方的な売渡請求で取得することができ、相続人は拒否できないこととされています。

①　定款の変更に期間制限はない

当該強制売渡請求を定款に盛り込む際には、期間制限がありません。どのようなタイミングでも可能です。

②　価格決定でもめないために

当該強制売渡請求は、価格でもめるケースが多くあります。

会社は一方的な売渡請求で取得することができ、相続人は拒否できませんが、相続人は価格決定の申立てというものができ、申立てがなされると、相続人と会社で価格について合意が取れなかった場合、裁判所で価格決定することになります。

価格決定に裁判所が関与し、決定することになります。これを避けるためには、生前に動かすことが定石です。生前に、税務上の評価額よりも高い株価で（高額譲受けになるということ）、すなわち、「色を付ける」という形で株式を譲り渡してもらうのが正しい方法です。筆者

の経験では、強制売渡請求を実行しようとしたことがありましたが、価格決定の申立てがなされ、最終的な価格決定がなされるまで1年半ほど要したこともあります。

　裁判所での価格決定の手続では、会社と相続人それぞれが、「この会社の株式に関してはこのような価格が妥当だという鑑定書がある」と鑑定書合戦を行うことになります。

　その後、裁判所が価格決定をして紛争が落ち着くことになるか、いわゆる和解によって落ち着くかというルートをたどります。

　この価格決定の申立てという制度は「非訟事件」となります。裁判外で、価格決定について合意するということになります。このような事実上の和解か、裁判所の価格決定を1年半ほど待つという形で決定するしかないことになります。

③　株主との合意による取得

　株主との合意による取得をする場合、特定の株式から自己株式を買い取る場合には、すべての株主に売り渡す機会を与えるのが、会社法では原則となっています。

　一方、相続については、会社が株主の相続人からのみ相続した株式を取得することが認められています。これは、非公開会社で、かつ相続人が相続後に議決権を行使していないことが条件となっています。しかし実際は、この相続人からの取得についても、価格でもめることになります。

　価格決定の申立てができることは、上記の売渡請求の場合と同様です。そのため、生前に動かすのが定石です。

　この点に関しては、なるべく価格でもめないように、生前に譲り渡してもらうのが理想的ですが、敵対的な少数株主に関しては、価格決定の申立てという方向に進んでいかざるを得ません。

　一方、友好的な少数株主から買い取る場合に、最も簡単な方法はどういったものでしょうか。友好的な少数株主からの買取りの場合に

は、まず友好的な少数株主と会社側で金額や売却時期について合意を取っておきます。その後に、その友好的な少数株主から会社に、譲渡承認を請求してもらいます。通常では、譲渡制限がかかっている会社ばかりなので、譲渡承認をお願いします。そして、会社はその譲渡承認に対して拒否します。

　承認を拒否すると、会社は他に適当な買取人を見つけなければなりません。これを、指定買取人と言います。この指定買取人をオーナーや会社にして、友好的な株主からあらかじめ決められた金額・売却時期に応じてその株式を買ってくる形で済ますのが、最も穏便で簡便な方法です。

　この方法の最大のメリットは、売買価格を誰にも知られずに株式を買取りできるというところです。例えば、特定の誰かから株式を購入する場合、会社法上は、他の株主も「自分も売りたい」と言うことができることになっていますが、それがなくなります。

　なお、相続時精算課税制度や贈与税の自社株納税猶予制度によって自社株の生前贈与を受けたものは相続時に相続で財産を取得しなくても、相続税の申告期限後3年以内に自己株式を会社に譲渡した場合の特例を受けることが可能となりました。これは平成25年度税制改正で導入された規定です。

　そのため、相続時精算課税制度によって、好まぬ相続人（当時は受贈者）に生前贈与してしまっても、会社への売却のインセンティブが高まるのではないかと思われます。

　取得費加算は相続時精算課税制度においても、贈与税の納税猶予制度においても使用可能です。

Q1-6　自己株式取得プランニング

> 自己株式取得プランニングとみなし贈与について教えてください。

Answer

　下記の通りです。

【解 説】

　中小・零細企業 M&A において表題のプランニングが実行されることがあります。売主株主が法人の場合利用できます。個人株主の場合使いません。自己株式取得によるみなし配当課税（総合課税）が重い税負担となるためです。

　法人株主が株式譲渡する前に、自己株式の取得をします。

　みなし配当が生じますが、受取配当金の益金不算入によって課税されません。そして、分配可能額限度を超過した残りの部分を第三者に売却するわけです。

　この場合の自己株式取得において少数株主からの買取りに関して、相続税法基本通達 9 - 2 が適用されるのでは、と解する見解もあるようです。

　しかし、金額の測定の困難性から、当局から指摘されることは非常にまれかと思われます。

第 2 章

自己株式買取価額と
買取時計算の基本

　平成18年度の改正後の会社法上の自己株式取得の場合の貸借対照表への表示は、株主資本の控除項目とされました。

　具体的には、純資産の部の株主資本の内訳として、資本金、資本剰余金、利益剰余金、自己株式（マイナス表示)、自己株式申込剰余金に区分して表示します（会規108)。

　同18年度改正後の法人税法においては、自己株式は、有価証券から除くこととして規定（法法2二十一）されました。上記の会社法上の規定と乖離し法人税法上の規定により取得資本金額までは「資本金等の額」の減額、及び、剰余金の配当等とみなされる部分は「利益積立金」の減額となることが規定（法法2十六、同十八）されています。

　その調整計算としての別表処理を要することとなります。

　〔1〕剰余金の配当等とみなされる部分については、利益積立金の払い戻しとして処理することとなり、別表五（一）の「Ⅰ　利益積立金額の計算に関する明細書」の「当期の増減」の「増〔3〕」欄に△記入する

　〔2〕法人税法上の規定により取得資本金額までは、資本金等の額の減算として別表五（一）の「Ⅱ　資本金等の額に関する明細書」の「当期の増減」の「増〔3〕」欄に△記入することとなります。

(1) 個人から法人へ売却する場合

Q2-1　個人⇒法人間売買の税務上の適正評価額

個人⇒法人間売買の税務上の適正評価額についてご教示ください。

Answer

　所得税法基本通達59－6の規定を用います。課税上弊害がない限り配当還元方式価額での評価も可能です。

【解説】

　税務上の適正評価額は「譲渡人ベース」での「譲渡直前の議決権割合」で判定します。原則が所得税基本通達59－6、例外が配当還元方式です。みなし贈与認定は適正時価の約80％程度をきるくらいです。

【所得税基本通達59－6】

（株式等を贈与等した場合の「その時における価額」）

59－6　法第59条第1項の規定の適用に当たって、譲渡所得の基因となる資産が株式（株主又は投資主となる権利、株式の割当てを受ける権利、新株予約権（新投資口予約権を含む。以下この項において同じ。）及び新株予約権の割当てを受ける権利を含む。以下この項において同じ。）である場合の同項に規定する「その時における価額」は、23〜35共－9に準じて算定した価額による。

　この場合、23〜35共－9の(4)ニに定める「1株又は1口当たりの純資産価額等を参酌して通常取引されると認められる価額」については、原則として、次によることを条件に、昭和39年4月25日付直資56・直審（資）17「財産評価基本通達」（法令解釈通達）の178から189－7まで《取引相場のない株式の評価》の例により算定した価額とする。

(1)　財産評価基本通達178、188、188－6、189－2、189－3及び189－4中「取得した株式」とあるのは「譲渡又は贈与した株式」と、同通達185、189－2、189－3及び189－4中「株式の取得者」とあるのは「株

式を譲渡又は贈与した個人」と、同通達188中「株式取得後」とあるの
は「株式の譲渡又は贈与直前」とそれぞれ読み替えるほか、読み替えた
後の同通達185ただし書、189－2、189－3又は189－4において株式を
譲渡又は贈与した個人とその同族関係者の有する議決権の合計数が評価
する会社の議決権総数の50％以下である場合に該当するかどうか及び読
み替えた後の同通達188の(1)から(4)までに定める株式に該当するかどう
かは、株式の譲渡又は贈与直前の議決権の数により判定すること。

(2)　当該株式の価額につき財産評価基本通達179の例により算定する場合
　（同通達189－3の(1)において同通達179に準じて算定する場合を含む。）
　において、当該株式を譲渡又は贈与した個人が当該譲渡又は贈与直前に
　当該株式の発行会社にとって同通達188の(2)に定める「中心的な同族株
　主」に該当するときは、当該発行会社は常に同通達178に定める「小会
　社」に該当するものとしてその例によること。

(3)　当該株式の発行会社が土地（土地の上に存する権利を含む。）又は金
　融商品取引所に上場されている有価証券を有しているときは、財産評価
　基本通達185の本文に定める「1株当たりの純資産価額（相続税評価額
　によって計算した金額）」の計算に当たり、これらの資産については、
　当該譲渡又は贈与の時における価額によること。

(4)　財産評価基本通達185の本文に定める「1株当たりの純資産価額（相
　続税評価額によって計算した金額）」の計算に当たり、同通達186－2に
　より計算した評価差額に対する法人税額等に相当する金額は控除しない
　こと。

（参照）

【租税特別措置法基本通達37の10－37の11共－22】
（法人が自己の株式又は出資を個人から取得する場合の所得税法第59条の
適用）
37の10・37の11共－22　法人がその株主等から措置法第37条の10第3

項第5号の規定に該当する自己の株式又は出資の取得を行う場合におい
て、その株主等が個人であるときには、同項及び措置法第37条の11第3項
の規定により、当該株主等が交付を受ける金銭等（所得税法第25条第1項
《配当等とみなす金額》の規定に該当する部分の金額（以下この項におい
て「みなし配当額」という。）を除く。）は一般株式等に係る譲渡所得等又
は上場株式等に係る譲渡所得等に係る収入金額とみなされるが、この場合
における同法第59条第1項第2号《贈与等の場合の譲渡所得等の特例》の
規定の適用については、次による。

(1)　所得税法第59条第1項第2号の規定に該当するかどうかの判定

　　法人が当該自己の株式又は出資を取得した時における当該自己の株式
　又は出資の価額（以下この項において「当該自己株式等の時価」とい
　う。）に対して、当該株主等に交付された金銭等の額が、所得税法第59
　条第1項第2号に規定する著しく低い価額の対価であるかどうかにより
　判定する。

(2)　所得税法第59条第1項第2号の規定に該当する場合の一般株式等に係
　る譲渡所得等又は上場株式等に係る譲渡所得等に係る収入金額とみなさ
　れる金額

　　当該自己株式等の時価に相当する金額から、みなし配当額に相当する
　金額を控除した金額による。

　※筆者注

　　　自己株式取得（金庫株）については所得税基本通達59-6を用いるこ
　　とと規定されています。なお、実務上は時価純資産価額を採用する例も
　　多いです。例えば、自己資本が厚い会社で、金庫株によって株式の現金
　　化金額を大きくしたいということであれば、所得税基本通達59-6では
　　なく、時価純資産価額の方について金額が大きいのでそれを使って、株
　　式の現金化金額を増やすことができるということになります。相続金庫
　　株により遺留分を配慮した資金工面（代償金交付の原資になるため）に
　　も活用されます。

(注)「当該自己株式等の時価」は、所基通59-6《株式等を贈与等した場
　　合の「その時における価額」》により算定するものとする。

（参照）

資産課税課情報	第22号	令和２年９月30日	国税庁資産課税課

「『所得税基本通達の制定について』の一部改正について（法令解釈通達）」の
趣旨説明（情報）

　令和２年８月28日付課資４－２ほか１課共同「『所得税基本通達の制定について』の一部改正について（法令解釈通達）」により、所得税基本通達59－６《株式等を贈与等した場合の「その時における価額」》の改正を行ったところであるが、その改正事項の趣旨及び同通達の取扱いを別紙のとおり取りまとめたので、今後の執務の参考とされたい。

別　紙

〈省略用語例〉

　　本情報において使用した次の省略用語は、それぞれ次に掲げる法令等を示すものである。

所得税法・・・・・・・・・・・・・・・・・・・・・・　所得税法（昭和40年法律第33号）

所得税基本通達、所基通・・・・・・・・　所得税基本通達の制定について（昭和45年 7 月 1 日付直審（所）30）

財産評価基本通達、評基通・・・・・・　財産評価基本通達（昭和39年 4 月25日付直資56ほか 1 課共同）

※　各法令等は、令和 2 年 8 月28日現在による。

○ 法第59条《贈与等の場合の譲渡所得等の特例》関係

※ アンダーラインを付した部分が改正関係部分である。

【一部改正】

（株式等を贈与等した場合の「その時における価額」）

59－6 法第59条第1項の規定の適用に当たって、譲渡所得の基因となる資産が株式（株主又は投資主となる権利、株式の割当てを受ける権利、新株予約権（新投資口予約権を含む。以下この項において同じ。）及び新株予約権の割当てを受ける権利を含む。以下この項において同じ。）である場合の同項に規定する「その時における価額」は、23〜35共－9に準じて算定した価額による。この場合、23〜35共－9の⑷ニに定める「1株又は1口当たりの純資産価額等を参酌して通常取引されると認められる価額」については、原則として、次によることを条件に、昭和39年4月25日付直資56・直審（資）17「財産評価基本通達」（法令解釈通達）の178から189－7まで《取引相場のない株式の評価》の例により算定した価額とする。

⑴ 財産評価基本通達178、188、188－6、189－2、189－3及び189－4中「取得した株式」とあるのは「譲渡又は贈与した株式」と、同通達185、189－2、189－3及び189－4中「株式の取得者」とあるのは「株式を譲渡又は贈与した個人」と、同通達188中「株式取得後」とあるのは「株式の譲渡又は贈与直前」とそれぞれ読み替えるほか、読み替えた後の同通達185ただし書、189－2、189－3又は189－4において株式を譲渡又は贈与した個人とその同族関係者の有する議決権の合計数が評価する会社の議決権総数の50％以下である場合に該当するかどうか及び読み替えた後の同通達188の⑴から⑷までに定める株式に該当するかどうかは、株式の譲渡又は贈与直前の議決権の数により判定すること。

⑵ 当該株式の価額につき財産評価基本通達179の例により算定する場合（同通達189－3の⑴において同通達179に準じて算定する場合を含む。）において、当該株式を譲渡又は贈与した個人が当該譲渡又は贈与直前に当該株式の発行会社にとって同通達188の⑵に定める「中心的な同族株主」に該当するときは、当該発行会社は常に同通達178に定める「小会社」に該当するものとしてその例によること。

⑶ 当該株式の発行会社が土地（土地の上に存する権利を含む。）又は金融商品取引所に上場されている有価証券を有しているときは、財産評価基本通達185の本文に定める「1株当たりの純資産価額（相続税評価額によって計算した金額）」の計算に当たり、これらの資産については、当該譲渡又は贈与の時における価額によること。

⑷ 財産評価基本通達185の本文に定める「1株当たりの純資産価額（相続税評価額によって計算した金額）」の計算に当たり、同通達186－2により計算した評価差額に対する法人税額等に相当する金額は控除しないこと。

《説 明》

1 所得税法第59条第1項では、「贈与（法人に対するものに限る。）、相続（限定承認に係るものに限る。）若しくは遺贈（法人に対するもの及び個人に対する包括遺贈のうち限定承認に係るものに限る。）又は著しく低い価額の対価による譲渡（法人に対するものに限る。）により居住者の有する譲渡所得の基因となる資産等の移転があった場合、その者の譲渡所得等の金額の計算については、その事由が生じた時に、その時における価額に相当する金額により、その資産の譲渡があったものとみなす。」こととされている。

2　また、所得税基本通達59－6《株式等を贈与等した場合の「その時における価額」》（以下「本通達」という。）では、所得税法第59条第1項の規定の適用に当たって、譲渡所得の基因となる資産が株式（株主又は投資主となる権利、株式の割当てを受ける権利、新株予約権（新投資口予約権を含む。）及び新株予約権の割当てを受ける権利を含む。）である場合の同項に規定する「その時における価額」とは、所得税基本通達23～35共－9に準じて算定した価額によることとし、この場合、所得税基本通達23～35共－9の(4)ニに定める「1株又は1口当たりの純資産価額等を参酌して通常取引されると認められる価額」については、原則として、一定の条件の下、財産評価基本通達178から189－7まで《取引相場のない株式の評価》の例により算定した価額とすることとしている。

3　そして、本通達の(1)では、財産評価基本通達188の(1)に定める「同族株主」に該当するかどうかは、株式を譲渡又は贈与した個人の当該譲渡又は贈与直前の議決権の数により判定することとする条件を定め、当該株式を譲渡又は贈与した個人である株主が譲渡又は贈与直前において少数株主に該当する場合に、取引相場のない株式の譲渡又は贈与の時における価額をいわゆる配当還元方式(注)により算定することと取り扱っている。

　（注）　相続税等について財産の評価方法等を定めた財産評価基本通達では、取引相場のない株式の価額について、原則的な評価方法を定める一方、会社の事業経営への影響力に乏しい少数株主が取得した株式の場合に用いる例外的な評価方法（配当還元方式）を定めているところ、財産評価基本通達188は「同族株主以外の株主等が取得した株式」の範囲を定め、当該株式に該当するものについて、財産評価基本通達188－2の定めにより配当還元方式によって算定することとしている。

4　先般、取引相場のない株式の譲渡の時における価額を争点として、本通達の(1)の条件に関し、譲渡所得に対する課税の場面において配当還元方式を用いることとなるのは、譲渡人である株主が少数株主に該当する場合（国側の主張）なのか、譲受人である株主が少数株主に該当する場合（納税者側の主張）なのかが争われた事件に対する最高裁判決（令和2年3月24日付最高裁第三小法廷判決）の中で、最高裁は、本通達の定めは、譲渡所得に対する課税と相続税等との性質の差異に応じた取扱いをすることとし、少数株主に該当するか否かについても当該株式を譲渡した株主について判断すべきことをいう趣旨のものということができると判示し、国側の主張を認めた(注)。

　しかしながら、当該最高裁判決に付された裁判官の補足意見において、本通達の作成手法については、分かりやすさという観点から改善されることが望ましい等の指摘がなされ、この指摘を踏まえ、本通達の(1)の条件に係る従前からの取扱いがより明確になるよう、本通達の改正を行ったものである。

　（注）　当該最高裁判決においては、株式の譲受人である株主が少数株主に該当することを理由として、譲渡人が譲渡した株式につき配当還元方式により算定した額が株式の譲渡の時における価額であるとした原審（平成30年7月19日付東京高裁判決）の判断部分（国側敗訴部分）が破棄され、原審に差し戻されている。

5　具体的には、本通達の(1)の条件について、譲渡又は贈与した株式の価額について株式を譲渡又は贈与した個人である株主が譲渡又は贈与直前において少数株主に該当する場合に財産評価基本通達188等の定めの例により算定するという従前からの取扱いを分かりやすく表現するため、①「取得した株式」と定めている部分について「譲渡又は贈与した株式」と読み替えるなどの必要な読替えを行うとともに、②読替え後の財産評価基本通達188等の定めの例により算定するかどうかを譲渡又は贈与直前の議決権の数により判定することを明確化するほか、所要の整備を行っている。

本通達に基づく株主の態様による評価方法の概要は、次のとおりとなる。

株主の態様による区分					評価方法
会社区分	株主区分				
同族株主のいる会社	譲渡等直前に同族株主グループに属する株主	譲渡等直前の議決権割合が5％以上の株主			原則的な評価方法
		譲渡等直前の議決権割合が5％未満の株主	中心的な同族株主がいない場合の株主		原則的な評価方法
			中心的な同族株主がいる場合の株主	中心的な同族株主	
				役員である株主又は役員となる株主	
				その他の株主	例外的な評価方法
	譲渡等直前に同族株主以外の株主				
同族株主のいない会社	譲渡等直前に議決権割合の合計が15％以上のグループに属する株主	譲渡等直前の議決権割合が5％以上の株主			原則的な評価方法
		譲渡等直前の議決権割合が5％未満の株主	中心的な株主がいない場合の株主		原則的な評価方法
			中心的な株主がいる場合の株主	役員である株主又は役員となる株主	
				その他の株主	例外的な評価方法
	譲渡等直前に議決権割合の合計が15％未満のグループに属する株主				

6　なお、本通達の改正は、これまでの取扱いを変更するものではないことに留意する。

7　また、本通達の取扱いに関して、今般、別添に掲げる点についても整理した。今後はこの点についても留意すること。

別　添

> ・　本通達の現行の取扱いに関し、以下の点について整理を行う。
> 1　本通達の⑵の適用がある場合の財産評価基本通達180の取扱いについて
> 2　評価会社が有する子会社株式を評価する場合の本通達の⑵の取扱いについて
> 3　評価会社が有する子会社株式を評価する場合のその子会社が有する土地及び上場株式の評価について

1　本通達の⑵の適用がある場合の財産評価基本通達180の取扱いについて

⑴　本通達の⑵の適用がある場合、譲渡等をした株式の「その時における価額」は、その株式を発行した会社（以下「評価会社」という。）を「財産評価基本通達178に定める『小会社』に該当するものとして」同通達179の例により算定することになる。

　　財産評価基本通達179には、同通達178に定める大会社などの会社規模に応じた評価額の算定方法が定められ、その算定方法である「類似業種比準価額」及び「純資産価額」を用いる場合の原則形態が定められている。そしてこの「類似業種比準価額」については、同通達180において具体的算定方法が定められており、ここでは、類似業種の株価等に「しんしゃく割合」を乗ずることとされている。このように、同通達179における会社規模に応じた評価額の算定で「類似業種比準価額」を用いることから、本通達の⑵の適用がある場合、この「類似業種比準価額」を算出する計算において類似業種の株価等に乗ずる「しんしゃく割合」についても、小会社のしんしゃく割合（0.5）になるのかといった疑問がある。

⑵　本通達の⑵は「当該株式の価額につき財産評価基本通達179の例により算定する場合（…）において、当該株式を譲渡又は贈与した個人が当該譲渡又は贈与直前に当該株式の発行会社にとって同通達188の⑵に定める『中心的な同族株主』に該当するときは、当該発行会社は常に同通達178に定める『小会社』に該当するものとしてその例によること」としている。

　　このことからすると、本通達の⑵は、譲渡等をした株式の「その時における価額」を財産評価基本通達179の例により算定する場合において、譲渡等をした者が「中心的な同族株主」に該当するときの評価会社の株式については、同通達179⑶の「小会社」の算定方法である「純資産価額方式」又は選択により「類似業種比準方式と純資産価額方式との併用方式」を用いることを定めたものである。

　　本通達の⑵が上記のとおり定めた趣旨は、「中心的な同族株主」とは、議決権割合が25%以上となる特殊関係グループに属する同族株主をいうところ、評価会社が「中心的な同族株主」で支配されているような場合において、同族株主にとってその会社の株式の価値は、その会社の純資産価額と切り離しては考えられないところではないかと考えられ、また、本通達の制定に先立って行われた取引相場のない株式の譲渡に関する実態調査においても、持株割合が高い株主ほど純資産価額方式による評価額により取引されている傾向があったことが確認されている。

　　このため、「中心的な同族株主」の有する株式については、たとえその会社が大会社又は中会社に該当する場合であっても、小会社と同様に「純資産価額方式」を原則とし、選択的に「類似業種比準方式と純資産価額方式との併用方式」による算定方法によることとしている。

⑶　一方、「類似業種比準価額」を算出する計算において類似業種の株価等に乗ずる「しんしゃく割合」を会社規模に応じたものとしている趣旨は、次のとおりである。

　　類似業種比準方式による評価額は、評価会社の実態に即したものになるように、評価会社の事業内容が類似する業種目の株価を基として、評価会社と類似業種の１株当たりの①配当金額、②利益金額及び③純資産価額の３要素の比準割合を乗じて評価することとしている。しかしながら、株価の構成要素としては、上記の３要素のほか、市場占有率や経営者の手腕などが考えられるが、これらを具体的に計数化してその評価会社の株式の評価に反映させることは困難である。また、評価会社の株式は現実に取引市場を持たない株式であることなどのほか、大半の評価会社はその情報力、組織力のほか技術革新、人材確保、資金調達力等の点で上場企業に比し劣勢にあり、一般的にその規模格差が拡大する傾向にあるといえる社会経済状況の変化を踏まえると、評価会社の規模が小さくなるに従って、上場会社との類似性が希薄になっていくことが顕著になってくると認められる。このため、この上場会社と評価会社の格差を評価上適正に反映させるよう、大会社の「0.7」を基礎として、中会社を「0.6」、小会社を「0.5」とするしんしゃく割合が定められている。

⑷　以上のとおり、本通達の⑵において「中心的な同族株主」の有する株式の価額を、評価会社が「常に『小会社』に該当するものとして」財産評価基本通達179の例により算定することとした趣旨（上記⑵参照）と、類似業種比準価額を求める算式におけるしんしゃく割合を評価会社の規模に応じたしんしゃく割合としている趣旨（上記⑶参照）は異なっており、本通達の⑵において「中心的な同族株主」の有する株式の価額を、評価会社が「常に『小会社』に該当するものとして」財産評価基本通達179の例による算定方法を用いることとした趣旨からしても、本通達の⑵は、財産評価基本通達180の類似業種比準価額を算出する計算において類似業種の株価等に乗ずるしんしゃく割合まで小会社の「0.5」とするものではない。

【イメージ図】

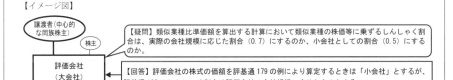

譲渡者（中心的な同族株主）

株主

評価会社（大会社）

【疑問】類似業種比準価額を算出する計算において類似業種の株価等に乗ずるしんしゃく割合は、実際の会社規模に応じた割合（0.7）にするのか、小会社としての割合（0.5）にするのか。

【回答】評価会社の株式の価額を評基通179の例により算定するときは「小会社」とするが、評基通180のしんしゃく割合は評価会社の会社規模に応じたものとする。

2　評価会社が有する子会社株式を評価する場合の本通達の⑵の取扱いについて

⑴　本通達の⑵は、譲渡等をした株式の「その時における価額」の算定について、株式を譲渡等した者が、その譲渡等の直前に評価会社にとって財産評価基本通達188の⑵に定める「中心的な同族株主」に該当する場合には、その評価会社を「財産評価基本通達178に定める『小会社』に該当するものとして」同通達179の例によることとするものである。

　　その上で、例えば、評価会社が子会社株式を有している場合に、当該譲渡等の直前に当該評価会社がその子会社にとって「中心的な同族株主」に該当するときにも、当該評価会社が有する子会社株式の「その時における価額」は、その子会社を「財産評価基本通達178に定める『小

会社』に該当するものとして」同通達179の例により算定することが相当なのではないかといった疑問がある。

(2)　この点、本通達の(2)の「株式を譲渡又は贈与した個人」が「中心的な同族株主」に該当する場合に、その会社を「小会社」に該当するものとしてその例によることとした趣旨は、評価会社が「中心的な同族株主」で支配されているような場合において、同族株主にとってその会社の株式の価値は、その会社の純資産価額と切り離しては考えられないのではないかという理由等によるものである（上記1(2)参照）。

(3)　このような本通達の(2)の取扱いの趣旨に照らせば、評価会社が有する子会社株式の価額につき、財産評価基本通達179の例により算定する場合、評価会社がその子会社の「中心的な同族株主」に該当するときにも、当該子会社は、同通達178に定める「小会社」に該当するものとして、「純資産価額方式」又は選択により「類似業種比準方式と純資産価額方式との併用方式（Lを0.5として計算）」による価額とすることが相当である（この場合の類似業種比準価額を算出する計算において、類似業種の株価等に乗ずるしんしゃく割合（評基通180）については、当該子会社の実際の会社規模に応じたしんしゃく割合となる。）。

(4)　なお、評価会社の子会社が有する当該子会社の子会社（評価会社の孫会社。以下「孫会社」という。）の株式の価額を算定する場合にも、評価会社の株式の譲渡等の直前において当該評価会社の子会社が、孫会社にとって「中心的な同族株主」に該当するときには、上記と同様の理由により、当該孫会社は、「小会社」に該当するものとしてその例によることが相当である。

【イメージ図】

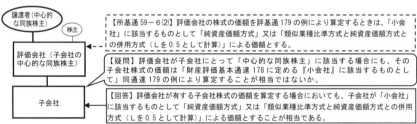

3　評価会社が有する子会社株式を評価する場合のその子会社が有する土地及び上場株式の評価について

(1)　本通達の(3)は、譲渡等をした株式の「その時における価額」の算定について、評価会社が有する土地及び上場株式の財産評価通達185の本文に定める「1株当たりの純資産価額」の計算に当たっては、これらの資産については、当該譲渡等の時における価額によることとするものである。

その上で、例えば、評価会社が子会社株式を有している場合に、その子会社株式を評価する

場合の「1株当たりの純資産価額」の計算に当たっても、その子会社が有する土地及び上場株式については、評価会社の株式の譲渡等の時における価額により当該子会社株式の評価をすることが相当ではないかといった疑問がある。

(2)　この点、財産評価基本通達に定める土地の評価額（評基通11）については、「評価の安全性」を配慮して公示価格等のおおむね8割で定められており、上場株式の評価額（評基通169）については、一時点（相続開始時）における需給関係による偶発性の排除等を理由に一定のしんしゃくをしている。また、本通達の制定に先立って行われた取引相場のない株式の譲渡に関する実態調査においても、純資産価額方式についてみると、土地や上場株式は時価に洗い替え、かつ、その洗い替えに伴う評価差額についての法人税額等相当額は控除していないものが相当数であったことが確認されている。

一方、所得税法第59条によるみなし譲渡課税は、法人に対する贈与等があった時にその時における価額に相当する金額により譲渡があったものとみなして課税するものである。このため、同条第1項の規定の適用に当たっては、土地について、評価の安全性を配慮する必要性に乏しく、また、上場株式については、その日における取引価額（偶発性はあったとしても、その日にはその価額で取引される）が明らかであり、財産評価基本通達169に定める上場株式の評価額のようなしんしゃくをする必要性は乏しい。

これらの理由から、本通達の(3)において、土地及び上場株式について、財産評価基本通達の例により評価した価額ではなく、譲渡等の時における価額によることとしている。

(3)　このことは、評価会社の子会社が有している土地及び上場株式についても同様に当てはまり、子会社が有する土地又は上場株式についても評価の安全性を配慮等する必要性に乏しいと考えられる。

したがって、評価会社が有する土地又は上場株式だけでなく、評価会社の子会社が有する土地又は上場株式についても、本通達の(3)の趣旨に照らして、譲渡等の時における価額を基に評価会社が有する子会社株式を評価するのが相当である。

(4)　なお、評価会社の子会社が有する孫会社の株式を評価する場合にも、当該孫会社が有する土地や上場株式についても、上記と同様の理由により、当該土地及び上場株式は、譲渡等の時における価額を基に子会社が有する孫会社株式を評価するのが相当である。

【イメージ図】

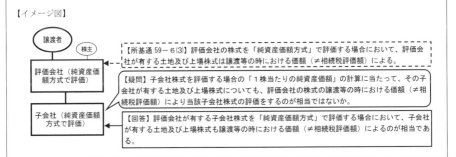

適用上の注意事項は、以下の通りです。

①　同族株主判定は譲渡直前の議決権数で行います。

　　財産評価基本通達179項が評価しよう発行会社の大・中・小区分に応じた評価方式を扱っています。財産評価基本通達178項では、その大・中・小の区分の基準を示しています。

　　財産評価基本通達178項は同族株主が取得した（購入側）株式についての当該区分の基準を想定し、財産評価基本通達188項は、同族株主以外が取得した株式について言及しています。

　　それを受けて、財産評価基本通達188−2では相続株主以外が取得した株式の評価方法について例外を示しています。したがって①の条件は、財産評価基本通達が購入側に立つのに対して譲受側に立つこと明確にしたものです。

　　法人税基本通達9−1−14（4−1−6）とは、売買取引の持株単位で、購入者側の立場に立って適用するという相違点があることがあります。この相違は、法人税基本通達9−1−14（4−1−6）が法人が事業年度末に保有する非上場株式について評価損を損金算入する場合であり、株式の譲渡を前提として創設された規定ではないからと推察されます[1]。

②　譲渡者が中心的同族株主なら小会社方式を適用します。

③　上記②における小会社方式の土地、上場有価証券は時価評価となります。法人税額等相当額の控除はしません。

　　実務上、時価評価替えできるものはすべて行うこともあります。保険積立金、レバレッジドリース、建物、建物附属設備、簿外の保険等々がそれに当たります。

④　「純然たる第三者」

　　純然たる第三者間売買においてはこの取扱いを形式的に当てはめる

1　税理士法人AKJパートナーズ『非上場会社の株価決定の実務』（中央経済社2017年）32頁

ことは相当でないと解されています[2]。

　この「純然たる第三者」概念については、どのようなものがこれに
当てはまるかという問題があります。

2　三又修他編著『平成29年版所得税基本通達逐条解説』（大蔵財務協会）718頁によると
「当然のことながら、純然たる第三者間において種々の経済性を考慮して決定された価額
（時価）により取引されたと認められる場合など、この取扱いを形式的に当てはめて判定す
ることが相当でない場合もあることから、この取扱いは原則的なものとしている」との記載
があります。

Q2-2　個人⇒法人間の異動の留意点

> 個人⇒法人間の異動の留意点[3]

Answer

　下記の課税関係にご留意ください。

【解　説】

○時価による譲渡（民法555、売買）
- ・譲渡価格＝時価
- ・譲渡価額が譲渡収入金額（所法33、36①・②）
- ・株式の取得価額及び譲渡費用が必要経費（所法33③）
- ・株式等に係る譲渡所得は分離課税（措法37の10①）
- ・譲渡対価が取得価額（法令119①一）

○低額譲渡（時価の50％≦譲渡価額＜時価）
- ・譲渡価額が譲渡収入金額（所法33、36①・②）
- ・株式の取得価額及び譲渡費用が必要経費（所法33③）
- ・株式等に係る譲渡所得は分離課税（措法37の10①）
- ・時価を取得価額（法令119①二十六）
- ・時価との差額は受贈益課税（法法22②）

○高額譲渡（譲渡価額＞時価）
- ・差額原因により給与所得又は一時所得（所基通34-1(5)）（時価＝譲渡価額）が譲渡収入金額（所法33、36①・②）
- ・株式の取得価額及び譲渡費用が必要経費（所法33③）
- ・株式等に係る譲渡所得は分離課税（措法37の10①）
- ・時価を取得価額（法令119①二十六）

3　中島茂幸『非上場株式の税務』（中央経済社2015年）92頁

　　　　・時価との差額は給与又は寄附金等（法法22③）

○著しく低い価額で譲渡（譲渡価額＜時価の50％未満）／贈与又は遺贈

　（民法549、990）（譲渡価額＝０）

　　　　・譲渡者の譲渡所得（時価）を譲渡収入金額とみなす（所法59

　　　　　①一・②、所令169、所基通59－３、59－６）

　　　　・株式の取得価額及び譲渡費用が必要経費（所法33③）

　　　　・株式等に係る譲渡所得は分離課税（措法37の10①）

　　　　・時価を取得価額（法令119①二十六）

　　　　・時価との差額は受贈益課税（法法22②）

　個人⇒法人間異動に関して譲渡価額が時価の50％を下回った場合、著しく低い価額での譲渡となりみなし譲渡が発動します。この場合、譲渡側の個人では譲渡価額が譲渡収入金額になり、取得法人としては時価を取得価額とすることになります。

　高額譲渡、すなわち譲渡価格が時価より高額な場合は、原因により給与所得又は一時所得となるのが原則です。しかし、課税実務上には、高額譲渡に関して問題とされることはほとんどありません。

　法人側において、著しく低い価格で受贈益が計上されるのは、発行法人以外の法人が取得した場合です。

　発行法人の関係法人が取得する場合が典型例となります。

（参照）

Q.

　　第三者M&Aにみなし贈与は発動されるのでしょうか。仮に発動されるとしたらどういった場面でしょうか。

A.

　　原則として発動されません。純然たる第三者とのM&Aにおいて租税

法が介入する余地はありません。

　当然ながら、いわゆる取引相場のない株式に係る税務上適正評価額に関する論点も一切生じません。

　しかし、一定の条件のもとでは発動可能性がない、とはいいきれない場合もあります。

【解説】

　第三者M&Aはその文言通り同族関係者間でのM&Aではありません。それにもかかわらず、みなし贈与の発動可能性を気にする実務家は少なからずいるようです。

　この原因は平成19年8月23日東京地裁で相続税法第7条は「第三者間でも問わず適用あり」と判示していることが原因とも思われます。しかし、結論から申し上げると、第三間M&Aではみなし贈与は生じません。M&Aの相手側は「純然たる第三者」概念に該当するからです。

　租税法上の明確な定義はありませんが、「純然たる第三者間」とは、

　ⅰ）純粋に

　ⅱ）経済的合理性が存在する

　ⅲ）市場原理に基づき

売買価額（客観的交換価値）が決定される間柄と過去の裁判例等では読み取れます。

　その取引当事者が純然たる第三者間に該当したときは、租税法上の縛りは、原則としてなくなります。

　実務では留意すべき点は一切ないですが、よほど低額で譲渡した場合に限り、「低額で譲渡した理由」を疎明資料として残してもよいと思います。例えば、今後も買主側に顧問報酬等々外注費を支払い続けることが当初契約書で明記されていることなどが一例として挙げられます。また、売主企業の従業員の雇用について最低○年間は維持することを当初契約書で約定した結果、将来○年間は買主企業は赤字になることが明確であるといった事例も考えられます。それらの疎明資料として交渉時のメールなどは準備しておいてもよいかもしれません。ただしこれはよほどの事情と考えてよく、租税法は

第三者 M&A という私法に介入しないという大原則からするとあまりに保守的すぎます。

　しかし、M&A により売主が売却交渉過程において、オーナーが少数株主から株式を事前に集約する場合、「事前にほぼ確定している M&A 対価」よりも著しく低い価額で買い集めた場合、みなし贈与認定の可能性はあります。事前にほぼ確定している M&A 対価が基準となるため、基本合意書締結前の段階での集約であれば問題は生じにくいと考えられます。

（参照）

F0－3－693

（取引相場のない株式／評価通達 6 適用の可否／通達評価額と時価との著しいかい離）

　審査請求人（X2）が相続により取得した A 社株式の評価について、評価通達に基づく評価額（類似業種比準価額）は、K 社の算定報告額及び相続開始後の A 株式の譲渡価格等と著しくかい離していることから、評価通達の定める評価方法以外の評価方法によって評価すべき特別の事情があるとして、評価通達 6 が適用され、K 社の算定報告額が時価であるとされた事例（令02－07－08裁決）

概　要

〔裁決の要旨〕

1　本件は、審査請求人（X2）が、相続により取得した取引相場のない株式（本件株式）を財産評価基本通達（評価通達）に定める類似業種比準価額により評価して相続税の申告をしたところ、原処分庁が、当該類似業種比準価額により評価することが著しく不適当と認められるとして、国税庁長官の指示を受けて評価した価額（K 算定報告額）により相続税の更正処分等を行ったことに対し、審査請求人が、原処分の全部の取消しを求めた事案である。

2　評価通達に定める評価方法を画一的に適用することによって、適正な時価を求めることができない結果となるなど著しく公平を欠くような特別な事情があるときは、個々の財産の態様に応じた適正な「時価」の評価方法によるべきであり、評価通達6《この通達の定めにより難い場合の評価》はこのような趣旨に基づくものである。

3　1株当たりの価額で比較すると、本件株式通達評価額（8,186円）は、K算定報告額（80,373円）の約10％にとどまり、また、株式譲渡価格及び基本合意価格（105,068円）の約8％にとどまり、株式譲渡価格及び基本合意価格が本件株式通達評価額からかい離する程度は、K算定報告額よりも更に大きいものであった。

4　本件株式通達評価額は、K算定報告額並びに株式譲渡価格及び基本合意価格と著しくかい離しており、相続開始時における本件株式の客観的な交換価値を示しているものとみることはできず、相続開始時における本件株式の客観的な交換価値を算定するにつき、評価通達の定める評価方法が合理性を有するものとみることはできない。

5　そうすると、本件相続における本件株式については、評価通達の定める評価方法を形式的に全ての納税者に係る全ての財産の価額の評価において用いるという形式的な平等を貫くと、かえって租税負担の実質的な公平を著しく害することが明らかというべきであり、評価通達の定める評価方法以外の評価方法によって評価すべき特別な事情がある。

6　そして、株式譲渡価格及び基本合意価格をもって、主観的事情を捨象した客観的な取引価格ということはできないのに対し、K社の算定報告は、適正に行われたものであり合理性があることから、本件株式の相続税法第22条に規定する時価は、K算定報告額であると認められる。したがって、評価通達6の適用は適法である。

7　審査請求人は、原処分庁が相続開始前に締結された基本合意書及び相続開始後に締結された株式譲渡契約の契約書をK社に提出したことにより、K社の算定報告において、不当に高額な評価が行われたから、K算定報告額に合理性がない旨主張する。しかしながら、株式の価額の算定に当たり、当該株式の取引事例に係る資料を用いることは適切であり、ま

た、K 社の算定報告において不当に高額な評価が行われたことはないか
ら、審査請求人の主張には理由がない。

8　審査請求人は、A 社株式の譲渡に係る被相続人と B 社との基本合意の
事実は、A 社ののれん等の無形資産の価値が顕在化したことを示すもの
ではなく、基本合意価格は、本件株式通達評価額との比較対象にならない
旨主張する。しかしながら、基本合意については、市場価格と比較して特
別に高額又は低額な価格で合意が行われた旨をうかがわせる事情等は見当
たらず、取引事例の価格である基本合意価格を評価通達の定める評価方法
以外の評価方法によって評価すべき特別な事情の判断に当たって比較対象
から除外する理由はない。

9　審査請求人は、本件株式通達評価額と基本合意価格との間にかい離があ
ることをもって、評価通達の定める評価方法によらないことが正当と是認
される特別な事情があるとはいえない旨主張する。しかしながら、本件株
式通達評価額と基本合意価格との間に著しいかい離があることは、上記の
とおり、評価通達の定める評価方法以外の評価方法によって評価すべき特
別な事情となる。

Q2-3　時価純資産価額法

　時価純資産価額法とは何でしょうか？　またその算出方法をご教示ください。

Answer

　課税時期の貸借対照表全項目について時価に洗い替えるだけです。法人税額等相当額は控除しません。

【解 説】

　実務上の作成手順としては以下の通りとなります。

　課税時期の貸借対照表を準備します。そして第5表若しくはエクセルをご用意ください。そこで資産、負債をすべて時価評価していきます。よく計上されるものとして下記が挙げられます。

・純資産のプラス項目

　　不動産、有価証券の含み益、保険積立金の時価修正（解約返戻金相当額）、レバレッジドリースの修正、繰延税金資産の認識

・純資産のマイナス項目

　　不動産、有価証券の含み損、不良在庫（ただし税務上、評価額を計上しにくいため帳簿価額計上のままであることが多いです）、過年度の減価償却不足額、回収見込みのない金銭債権、従業員退職給付引当金不足額、繰延税金負債の認識等

　これらをもれなくすべて計上します。税務上では「実態貸借対照表」[4]、

4　解散法人の残余財産がないと見込まれる場合の損金算入制度（法法59③）における「残余財産がないと見込まれるとき」の判定について https://www.nta.go.jp/law/shitsugi/hojin/34/01.htm における「この点、一般的に、実態貸借対照表を作成するに当たっては、事業年度終了の時において有する資産に係る含み損益、退職が見込まれる従業員に将来支給する退職金など、その時において税務上損益の実現を認められないものであっても、法人の清算に当たって実現が見込まれる損益まで考慮して、その作成がされているところです。」と

M&A 実働においては「財務 DD」と考え方はかわりません。これが時価純資産価額です。課税実務上は小会社方式をとる時も類似業種比準価額（斟酌率＝大会社、中会社、小会社に応じて区分）×50％＋当該時価純資産価額×50％が採用されることが非常に多いです。

いうイメージです。

Q2-4　所得税法における時価（＝価額）

> 所得税法における時価（＝価額）の考え方について教えてください。

Answer

　下記になります。

【解 説】

　所得税法における時価の現状を検証します。

　所得税法では、所得税の課税標準は総所得金額等です。

　所得金額の算定は、納税者の有償取引による当該取引金額がもととなりますが、取引が無償、低額、高額、金銭以外の現物で行われた場合、課税標準測定のため、評価が問題となります。

　その価額は客観的交換価値を示し、「不特定多数の当事者間で自由な取引が行われる場合に通常成立すると認められる価額」となります[5]。

　租税法上の観点からは、自己株式の取得局面が典型例となります。

　なぜなら、閉鎖会社における自己株式の取得は低額、高額判定のため、適正評価額がまず存在していることが必要であり、個人からの取得に関しては、所得税法の法令解釈通達にその適正額の算定根拠が明記されているからです。

　自己株式の買取価格は、基本的に会社と売主との協議により決定されます。閉鎖会社においては、少数株主からの取得がメインになっていきます。買取局面が下記のような場合に限定されるからです。

　①　特定の株主から買取りを求められ、所定の手続を経て取得する場合

---

②　譲渡制限株式を他人に譲渡しようとする株主からの譲渡承認請求に対し、承認せずに会社自身が買い取る場合

③　株式の相続人に対して売渡請求を行う場合

④　組織再編成行為等の反対株主の買取請求に応じて株式を買い取る場合

売主の立場からの株価は、少数株主ベースでの株価として評価することが一般的です。

しかし、少数株主ではない、同族特殊関係人間取引である場合には、できるだけ恣意性が介入しない方法で税務上の適正評価額を決定すべき局面もあります。

また、事業承継における株式譲渡時においても適用場面はあります。現経営者から後継者に株式を譲渡した場合、株式の譲渡価格を決定する必要性があります。

当該株式は所得税法上の時価が採用されます。閉鎖会社における、特にオーナー会社においては、相続税・贈与税対策として生前に後継者に株式を譲渡する際の株価を引き下げるため種々の方策がとられていることも実務です。

所得税基本通達は、売買実例等が存在しない場合、財産評価基本通達に依拠した評価方法を認めています。所得税基本通達23〜35共−9⑷では、

①　売買実例のあるもの……最近において売買が行われたもののうち適正と認められる価額

②　公開途上にある株式……公募等の価格等を参照して通常取引されると認められる金額

③　売買実例のないもので類似法人の株式について価額があるもの……当該価額に比準して推定した価額

④　①から③までに該当しないもの……その株式の発行法人の1株当たりの純資産価額等を参酌して通常取引されると認められる金額

とあります。

　上記の原則方法に拘束されると、実務では価額算定に弊害が出るケース
が多いことになります。

　③を採用しようにも、類似法人の抽出作業は納税者側にそのデータベー
スがない、あるいは課税庁側のデータベースが採用される、となれば現実
的に不可能です。

　そこで一定の条件のもと、財産評価通達の取扱いを準用できるようにし
ています。それが所得税基本通達59－6です[6]。この一定の条件とは

○「同族株主」に該当するかどうかは、株式を譲渡した個人の当該直前
　の議決権割合で判定していく

○株式を譲渡した個人が当該株式の発行会社（評価対象会社）にとって
　「中心的な同族株主」に該当するときは「小会社」として評価する

○評価対象会社が有する土地及び上場有価証券については、純資産価額
　方式の計算上、当該評価対象会社の株式の譲渡時の価額で評価する

○純資産価額方式の計算上、評価差額に対する法人税等相当額は控除し
　ない

です。

　もともと所得税基本通達59－6は、個人が法人に対して著しく低い価額
で取引相場のない株式を譲渡した場合に、みなし譲渡課税が行われるとき
に適用される規定でした。

　すなわち適用可否の指針なのです[7]。

　しかし、本通達は、課税実務の便宜上、所得税法の株価決定に準用され
ています。上記通達は取引相場のない株式について所得税法59条の価額の

6　この通達の合理性を是認した事例として、東京地裁平成11年11月30日（税資245号576
　頁）、最三小判平成18年1月24日（訟月53巻10号2946頁）、東京地裁平成21年9月17日判決
　（税資259号順号11273）、東京地裁平成22年3月5日（税資260号11392）

7　所得税法59条第1項第2号で「著しく低い対価として政令で定める額による譲渡（法人
　に対するものに限る。）」と掲げ、そのような譲渡において、本文で「その時における価額に
　相当する金額により、これらの資産の譲渡があったものとみなす」と規定し、それを受け
　て、所得税法施行令第169条は「基因となる資産の譲渡における価額の2分の1に満たない
　金額とする」と定めている。

解釈について定めています。しかし、この価額は所得税法上の他の条項に定める価額に共通するものと確認されている規定であるといえます[8]。

　所得税法59条第1項は、法人に対する贈与又は著しく低額の譲渡を行った場合に「その時における価額」で譲渡があったものとみなす旨を定めています。

　この場合の「その時における時価」とは大分地判平13年9月25日等で

　　「譲渡所得の基因となる資産の移転の事由が生じた時点における時価、即ち、その時点における当該資産等の客観的交換価値を指すものと解すべきであり、右交換価値とは、それぞれの財産の現況に応じ、不特定多数の当事者間において自由な取引が行われる場合に、通常成立すると認められる価額であって、いわゆる市場価格をいうものと解するのが相当である。」

と判示されています。

　最判平成17年11月8日[7]では、その譲渡する株式の客観的交換価値としての資産の価額を具体的にはいかに算定すべきか問題となりました。

　この点につき判例は所得税基本通達59−6により算定した株価を取引相場のない時価相当額として容認しています。

　これは、

　　「評価通達の定める非上場株式の評価方法は、相続又は贈与における財産評価手法として一般的に合理性を有し、課税実務上も定着しているものであるから、これと著しく異なる評価方法を所得税及び法人税の課税において導入すると混乱を招く。この観点から、法人税基本通達9−1−14は、評価通達の定める非上場株式の評価方法を、原則として法人税課税においても是認することを明らかにするとともに、この評価方法を無条件で法人税課税において採用することには弊害があることから、1株当たりの純資産価額の計算にあたって株式の発行会

社の有する土地を相続税評価額ではなく時価で評価するなどの条件を
付して採用することとしている。このことは所得税課税においても同
様に妥当するというべきである。」

と判示していることからもわかります。

　所得税法における当該評価方式は、法人税法上の時価と同様に、相続税
法における評価方式と異なり、純資産価額方式における評価差額に対する
法人税等相当額を控除しません。

　会社清算を前提としたものでなくゴーイングコンサーンを前提としてい
ます[9]。純然たる第三者間（純粋経済人）で行われた取引においては、祖税
法基準に従っていないケースも多々あります[10]。

　平成29年版所得税基本通達逐条解説によれば

　　「純然たる第三間において種々の経済性を考慮して決定された価額
　　（時価）により取引されたと認められる場合など、この取扱いを形式
　　的に当てはめて判定することが相当でない場合もあることから、この
　　取扱いは原則的なものであるとしている」

とあります。

　このような取引当事者が相互に純然たる第三者に該当するか否かの判定
は、取引当事者間において取引条件に影響を及ぼす資本関係の有無や、当
該取引当事者間において正常な取引当事者間において正常な取引条件が成
立しているかを斟酌し、個別具体的に検証を加えていくべき事項となりま
す。

　このように所得税法上の時価と法人税法の時価は法令解釈通達におい
て、細部では異なる点があるものの、価額の算定については同じであった
のです[11]。

9　所得税法上の評価方式は、法人税法上の評価方式とほぼ同様であるものの、所得税法上
　では同族株主の判定上、株式を譲渡する側、すなわち売主の譲渡直前の議決権の数により当
　該判定を行うものとしている。これは前述の法人税法上の取扱いと異なる。

10　三又修＝樫田明＝一色広己＝石川雅美共編『平成29年版所得税基本通達逐条解説』（大
　蔵財務協会2017年）718頁

　しかし、先述の改正通達「情報」の発遣により、今後の計算結果は一致するとは限らないかもしれません。

11　課税実務では両者の計算結果は必ず一致するものであった。適用場面が異なるだけである。

Q2-5 相続自社株の金庫株の特例における価額

相続自社株の金庫株の特例における価額について教えてください。

Answer

下記になります。

【解 説】

相続自社株の金庫株特例における価額、すなわち譲渡する自社株の時価は、所得税基本通達59-6により算定します。

しかし、実務上の通常の対応は相続税評価額ベースにすることが多いです。相続した自社株について、相続税納税資金確保、代償金原資の確保、みなし配当特例や取得費加算の特例を使いたいという思惑により早く資金化もしたいという実情があります。

そのため、相続した自社株を会社に売却することはよく行われます。その場合、相続した自社株の評価額というのを評価替えせずに、相続税評価額をそのまま売却価額としてしまうケースが多いです。

しかしこの価額設定は誤りです。会社に売却する場合の税務上の適正価額は所得税基本通達59-6です。仮に相続税評価額で売買を行うとしても、相続税評価額>所基通59-6×1/2をクリアしているかどうかを確認しなければなりません。

みなし譲渡の発動可能性があります。

(参照)

東京地方税理士会税務相談事例Q&A0024法人税　自己株式取得時の税務上の問題点について【東京地方税理士会ホームページ（会員専用ページ）　平成24年2月掲載】（TAINZコード　法人事例東地会020024）

自己株式取得時の税務上の問題点について

【質問】

　A社の発行株式総数は4千株であり、A社の代表取締役であるB氏が2千株、C社（B氏が100％株式を所有している）が1千株、その他の少数株主が1千株所有している。今回、C社が所有する株式を発行法人であるA社に当初の取得価額である1株5万円で全株譲渡した。（A社では自己株式の取得となる）

　なお、法基通9-1-14による財産評価基本通達をベースとしたA社株式の原則法評価額は約5万3千円であり、配当還元方式による評価額は2万5千円である。

　A社及びC社では、それぞれ次の経理処理を行っているが、何か税務上の問題は生じるか。

〈A社〉（自己株式）5千万円／（現金預金）　5千万円

〈C社〉（現金預金）5千万円／（A社株式）　5千万円

　　　　（寄附金）　3百万円／（株式譲渡益）3百万円

【回答】

　本ケースにおける問題点は、自己株式の税務上の取引価額にかかる適正額であるが、それに伴いみなし配当金も関係することから、それぞれA社とC社における取り扱いを整理すると次のようになる。

〈A社〉会社法上は、自己株式の取得は資本等取引であることから、原則として税務上も損益は生じないのであるが、A社に利益積立金がある場合には、その一部はすべての株主に帰属することから、仮に上記したような会計処理を行ったとしても、税務上は資本金相当分と利益積立金相当分とを支払ったことになるため、みなし配当の問題が生じる。

　つまり利益積立金相当分について、（利益積立金）××／（自己株式）××の処理（厳密にいうと配当に係る源泉税の問題も生じる）が必要となるため、別表でその処理を行うことになる。

〈C社〉仮に、C社が中心的な同族株主に該当しなければ特例評価である

配当還元評価ということも考えられるが、本ケースではC社がB氏の100％子会社であることから、中心的な同族株主となるため、原則的評価が適用される。（但し、法基通9－1－14で示すように、「小会社」に該当するものとし、土地・有価証券は時価評価、純資産価額の計算上は評価差額に対する税相当額は控除しない）

　上記した仕訳における問題点は、株式譲渡益という処理であるが、本来A社における取り扱いからすると、自己株式の譲渡代金支払い時に譲渡代金の内訳が示され、その際にみなし配当金の金額が示されている場合には、それに従うことになる。

　つまり、ほとんどのケースでは受取配当金となり、受取配当金の益金不算入額の計算対象にも含まれることに留意したい。

（参照）

（質疑応答事例）
1株当たりの配当金額B－自己株式の取得によるみなし配当の金額がある場合

【照会要旨】
　自己株式を取得することにより、その株式を譲渡した法人に法人税法第24条第1項の規定により配当等とみなされる部分（みなし配当）の金額が生じた場合、類似業種比準方式により株式取得法人（株式発行法人）の株式を評価するに当たり、「1株当たりの配当金額B」の計算上、そのみなし配当の金額を剰余金の配当金額に含める必要がありますか。

【回答要旨】
　みなし配当の金額は、「1株当たりの配当金額B」の計算上、剰余金の配当金額に含める必要はありません。
　この場合、「取引相場のない株式（出資）の評価明細書」の記載に当たっ

ては、「第4表　類似業種比準価額等の計算明細書」の（2．比準要素等の金額の計算）の「⑥年配当金額」欄にみなし配当の金額控除後の金額を記載します。

（理由）

　みなし配当の金額は、会社法上の剰余金の配当金額には該当せず、また、通常は、剰余金の配当金額から除くこととされている、将来毎期継続することが予想できない金額に該当すると考えられます。

【関係法令通達】

　財産評価基本通達183(1)

　法人税法第24条

（参照）

（質疑応答事例）

1株当たりの利益金額C－みなし配当の金額がある場合

【照会要旨】

　評価会社が所有する株式をその株式の株式発行法人に譲渡することにより、法人税法第24条第1項の規定により配当等とみなされる部分（みなし配当）の金額が生じた場合、類似業種比準方式により株式譲渡法人の株式を評価するに当たり、「1株当たりの利益金額C」の計算上、そのみなし配当の金額を「益金に算入されなかった剰余金の配当等」の金額に含める必要がありますか。

【回答要旨】

　みなし配当の金額は、原則として、「1株当たりの利益金額C」の計算上、「益金に算入されなかった剰余金の配当等」の金額に含める必要はありません。

　この場合、「取引相場のない株式（出資）の評価明細書」の記載に当たっ

ては、「第4表　類似業種比準価額等の計算明細書」の（2．比準要素等の金額の計算）の「⑬受取配当等の益金不算入額」欄にみなし配当の金額控除後の金額を記載します。

（理由）

「1株当たりの利益金額C」の計算の際に、非経常的な利益の金額を除外することとしているのは、評価会社に臨時偶発的に生じた収益力を排除し、評価会社の営む事業に基づく経常的な収益力を株式の価額に反映させるためです。

「みなし配当」の基因となる合併や株式発行法人への株式の譲渡等は、通常、臨時偶発的なものと考えられるため、財産評価基本通達上、法人税の課税所得金額から除外している「非経常的な利益」と同様に取り扱うことが相当です。そのため、原則として、「みなし配当」の金額は「1株当たりの利益金額C」の計算において法人税の課税所得金額に加算する「益金に算入されなかった剰余金の配当等」の金額に該当しません。

【関係法令通達】

　財産評価基本通達183(2)

　法人税法第24条

Q2-6 相続により取得した株式の自己株取得と平均単価

相続により取得した株式の自己株取得と他の課税関係を教えてください。

Answer

平均単価の考え方に特殊な取扱いを考慮する必要はありません。

【解 説】

相続により取得した株式の自己株式取得の留意点です。

相続以前から取得している同銘柄の株式が、下記のような状況にある場合、譲渡所得の計算上、取得費の取扱いは考え方が分かれます。

株式の内容	株式数	単価	金額
相続前から取得している A 株式	5,000	500	2,500,000
相続によって取得した A 株式	4,000	2,000	8,000,000

譲渡所得における取得費の計算は、①平均単価でやるのか、それとも②相続した株式の単価のみを利用するのかという点が問題となります。

①　平均単価

　（2,500,000円＋8,000,000円）÷（5,000円＋4,000円）＝1,166円

②　相続した株式の単価のみ利用

　8,000,000円÷4,000円＝2,000円

①が正しい方法です。原則（所令118①、総平均法を定めている規定）に、上記のような場合に関する例外規定は存在しないというのが、その根拠となります[12]。

12　内倉裕二『資産税事例検討会』（税務研究会税研情報センター）4頁を参照している。

Q2-7　租税特別措置法 9 条の 7 の適用範囲

> 　租税特別措置法 9 条の 7 （相続財産に係る株式をその発行した上場会社等以外の株式会社に譲渡した場合のみなし配当課税の特例）の規定の適用範囲について教えてください。

Anawer

　外国法人及び医療法人が発行した株式等は特例の対象外となります。また、旧有限会社法の規定による有限会社については、平成18年 5 月 1 日以後に相続等により取得した持分及び出資については、特例の対象となります。

【解 説】

　特例の対象となる株式の発行法人については、租税法上「株式会社」に限定されています。これは借用概念により、会社法の「株式会社」が発行した非上場株式が特例の対象となるものと解釈すべきです。

　会社法（国内法）を根拠として設立されたものでない外国法人が発行した株式は、特例の対象となる株式には該当しないことになります。

　会社法ではなく、医療法を根拠として設立された医療法人が発行した出資（持分）は、特例の対象となる株式には該当しないことになります。

　旧有限会社法の規定により設立された有限会社は、現在、会社法の規定による株式会社として存続し、その持分及び出資についても株式とみなされます。

　したがって旧有限会社の出資については、平成18年 5 月 1 日以後に開始された相続に係る相続等により取得した持分及び出資については、すなわち現在では、特例の対象となる株式に該当することになります。

Q2-8　トリプル課税

> 「トリプル課税」とは、どういう状態でしょうか。

Answer

下記になります。

【解 説】

少数株主から自己株式の買取請求があったとします。税務上の適正評価額は5億円だったとします。

会社で5億円の金額が用意できなかったとして、2億円にディスカウントして購入したとします。

ここで1つ目の課税が生じます。

5億円×1／2＝2.5億円ですから、2億円は2分の1未満です。所得税法第59条のみなし譲渡が生じます。

2つ目の課税です。みなし譲渡が適用されると5億円で譲渡したものとみなされますから、その金額を基準にみなし配当課税がなされます。約半分の2.5億円です。

3つ目の課税です。差額3億円については相続税法第9条のみなし贈与が適用されます。

この「みなし譲渡」「みなし配当」「みなし贈与」3つ併せて課税が生じ得る状態にあることをトリプル課税といいます。

〈参考設例〉

【質問】

法人甲社は、代表者A氏とその友人B氏が持分をそれぞれ50％所有している中小企業です。B氏が甲社に対して、法人甲社の持ち分株式を購入して

ほしいと申し出がありました。

　この際、B氏は、時価の2分の1より低い価格で株式を売却したいと言っています。課税関係はどうなりますか。

【回答】

　甲社が個人から自己株式を時価より低額で取得した場合でも、資本等取引となって受贈益は生じないため、法人税に係る課税関係は生じません。しかしB氏における譲渡所得及び代表者A氏における贈与税の課税関係が生じます。

　低額、仮に、自己株式を無償取得した場合を想定してします。当該無償取得は債務の免除でもなく有価証券の無償取得でもないことになり、発行法人において得るべき経済的利益はなく、単に株式数の減少になります。

　その結果、株式数の減少により一株当たりの純資産額が増加しますが、これにより利益を得るのは当該法人の残余の株主です。

　今回の場合、発行法人甲社の法人税については資本等取引となるため、課税関係は生じません。しかし、B氏からすれば資産の譲渡になると捉えられます。したがって、法人に対する低額譲渡として時価により譲渡をしたものとみなしての課税関係が想定されます。さらにB氏から甲社に甲社株式を時価より低額で譲渡することによって、甲社の発行済株式の1株当たりの価額（相続税評価額）が譲渡前よりも増加することにより、当該差額は、B氏から他の株主A氏に対して経済的利益の贈与があったものとみなされ贈与税の課税対象になります。

　B氏のみなし配当所得課税については、自己株式の譲渡対価の額のうち、譲渡した株式に対応する資本等の金額を控除した残額は「利益の配当」とみなされ、所得税の課税対象となります。また、法人甲社の株式の持ち分の株式譲渡所得課税に関しましては、自己株式の譲渡対価のうち、上記の利益の配当とみなされた金額を控除した残額は「株式等に係る譲渡所得等」の収入金額とみなされ、譲渡所得課税（分離課税）の対象となります。

　この場合、その譲渡対価の額が譲渡した自己株式の時価の2分の1未満であるときは、譲渡所得課税上、時価で譲渡したものとみなして収入金額を算

定します。具体的には、譲渡した自己株式の時価相当額から実際の譲渡対価の額に基づき計算したみなし配当金額を控除した残額を自己株式の譲渡収入金額として譲渡所得金額を算定することになります（所法59①二）。

　株式の譲渡が低額譲渡に当たりますので、それによって甲社の他の株主（A氏）の有する株式の1株当たりの価額が売買取引前よりも増価します。株式の価額（相続税評価額）が増加する場合、株式の譲渡人から各株主に対して各株主の持株数に応じた経済的利益の贈与があったものとして、贈与税の課税対象となります（相法9）。

Q2-9 みなし譲渡と所得区分／同族株主が発行法人へ譲渡した非上場株式

> みなし譲渡と所得区分（同族株主が発行法人へ譲渡した非上場株式）について教えてください。

Answer

下記の裁判例が参考になります。

【解 説】

（みなし譲渡と所得区分／同族株主が発行法人へ譲渡した非上場株式）代表取締役を務める法人に対する株式譲渡は、時価による譲渡とみなされ、その時価の合計額から配当等とみなされる金額を控除した残額が株式等に係る譲渡所得の総収入金額に算入されるとした事例（平30-03-01裁決）（TAINZコード　F0-1-888）

要　点

納税者における本件株式譲渡の無効主張に対して、本件株式譲渡により取得した経済的成果は失われておらず、納税者の所得が遡及的に消滅したと認める余地はないとされた事例

本件は、納税者（審査請求人）が、自らが代表者を務めるA社に対して、A社株式を譲渡し、その所得を配当所得として申告したところ、課税庁がその譲渡は「著しく低い価額」による譲渡に当たり、譲渡所得も発生するとして更正処分等したことから、その取消しを求めた事案です。

本件の争点の1つは、本件株式譲渡は無効であり、納税者の所得は遡及的に消滅したと認められるか否かです。

　納税者は、税負担の錯誤等を理由に、本件株式譲渡は無効である旨主張しました。

　これに対し、審判所は、仮に原因行為が実体的に無効であるとしても、その経済的成果が原因行為の無効を起因として現実に失われない限り、所得税の課税物件を欠くことにはならないとし、株主名簿の記載状況及び対価が返還されていない状況から、納税者が取得した経済的成果は失われておらず、所得が遡及的に消滅したと認める余地はないとしました。

　なお、本件はA社株式の譲渡時における価額についても争われましたが、納税者が採用した売買実例価額は適正でないとされ、時価の2分の1未満による譲渡であるとしました。

〔裁決の要旨〕

1　A社の代表取締役である請求人乙は、平成24年初め頃、A社株式を所有していなかった取締役甲（請求人の子）に株式を所有させることを考え、顧問税理士に相談したところ、1株当たりの対価を1,500円とし、まず、請求人がA社に同社株式を譲渡し、その後、A社が甲にこれを譲渡する方法を採るよう助言を受け、株式移転を実行した。

　　本件は、請求人が、A社に対し同社の非上場株式を譲渡し、当該譲渡による所得の全部を所得税法25条（配当等とみなす金額）の規定に基づき配当所得として申告したところ、原処分庁が、当該譲渡は、所得税法59条（贈与等の場合の譲渡所得等の特例）1項2号に規定する「著しく低い価額」による譲渡に当たり、配当所得に加えて譲渡所得も発生したとして、所得税の更正処分をした事案である。

2　A社株式は、非上場株式であり、類似法人比準方式により評価する上で適正な類似法人の株式の価額は認められず、気配相場もなく、株式公開の途上にもない。また、本件株式譲渡の後に、A社は、退職した役員からA社株式を1株当たり1500円で取得しているが、株式の取得と株式譲渡における対価の額は、いずれも関与税理士の助言に基づく同一の金額であるから、A社株式の取得は、本件株式譲渡と独立して適正な対価を算

定した上でなされた取引ではなく、売買実例として適正なものであるとはいえない。

3　本件株式を譲渡した請求人は、A社にとって評価通達188の(2)に定める「中心的な同族株主」に該当するから、A社は、所得税基本通達59-6の(2)の定めにより、評価通達178に定める「小会社」に該当するものとしてA社株式の価額を評価すべきである。そうすると、株式譲渡の時におけるA社株式の価額は○○円となる。これは、原処分において、本件株式譲渡に係る請求人の所得の金額を計算するに当たり基礎とした金額と同額である。

4　請求人は、A社が役員からA社株式を取得した際の取引価額が売買実例価額として適正であると主張するが、請求人の主張は、当該取引価額が、評価通達188の(1)に定める「同族株主のいる会社の株式のうち、同族株主以外の株主の取得した株式」に該当した場合に適用される同通達188-2の定める配当還元方式により算定した場合の価額と乖離がないことをいう趣旨と解される。しかし、A社株式を譲渡した請求人は、評価通達に定める同族株主であって、請求人の譲渡所得の金額を算定するためにA社株式の価額を評価するに当たり、配当還元方式が合理的であるとはいえない。

5　請求人は、株式譲渡は、取引の当事者に時価等の錯誤があり無効である旨主張する。

しかし、本件株式譲渡及びA社の自己株式処分の後、A社株式を最終的に取得した甲が株主名簿に株主として記載され、また、これまでに請求人が受領した対価の額を返還した事実も認められないから、本件株式譲渡により請求人が取得した経済的成果は失われていない。したがって、本件株式譲渡が私法上無効であるか否かについて検討するまでもなく、これによる請求人の所得が遡及的に消滅したと認める余地はない。

6　請求人は、原処分には行政手続法14条1項本文の理由の提示を欠いた違法がある旨主張するが、本件付記理由は、理由付記制度の趣旨目的を充足する程度に具体的に明示したものと認められるから、理由の提示として欠けるところはない。

7　本件株式譲渡は、Ａ社株式の時価の２分の１に満たない対価の額による譲渡であるから所得税法59条１項２号及び所得税法施行令169条により、時価による譲渡があったものとみなされ、措置法37条の10第３項４号により、Ａ社株式の時価の合計額から所得税法25条の規定により配当等とみなされる金額を控除した残額が、株式等に係る譲渡所得の金額の計算上総収入金額に算入されることになる。

〔裁決書（一部抜粋）〕

2　争　点

(1)　争点１　本件株式譲渡の時における■■■■■株式の１株当たりの価額はいくらか。

(2)　争点２　本件株式譲渡は無効であり、本件株式譲渡による請求人の所得は遡及的に消滅したと認められるか否か。

3　争点についての主張

(1)　争点１（本件株式譲渡の時における■■■■■株式の１株当たりの価額はいくらか。）について

原処分庁	請求人
本件株式譲渡の時における■■■■■株式の１株当たりの時価は、所得税基本通達59－６及び同通達23～35共－９の(4)の二並びに評価通達178ないし189－７の定めにより評価した■■■■である。	■■■■■は、■■■■■の取締役であった■■■から、平成24年７月６日、■■■■■株式■■■■を■■■■■（１株当たり1,500円）で取得しており、当該価額は適正と認められる。したがって、本件株式譲渡における１株当たりの時価は1,500円である〔所得税基本通達23～35共－９の(4)のイ〕。

(2)　争点２（本件株式譲渡は無効であり、本件株式譲渡による請求人の所得は遡及的に消滅したと認められるか否か。）について

請求人	原処分庁
イ　本件株式譲渡は、次のとおり、請求人及び■■■■■が、共に法律行為の要素について錯誤に陥っていた	イ　本件株式譲渡について、請求人が主張する左記ロの錯誤は、動機の錯誤であるところ、当該動機が意思表示の内

から無効である。

(イ) 税負担の錯誤

請求人は、本件株式譲渡について、■■■■■から1株当たりの買取額1,500円から額面500円を除いた1,000円に対しみなし配当が課税されるとの説明を受け、そのように申告したところ、法人の資本の払戻しは措置法第37条の10第3項第4号の適用があることは■■■■■から説明がなく、請求人もこれを知らなかった。

このことは、所得課税区分の誤信に基づく税負担の錯誤である。

(ロ) 価額及び数量の錯誤仮に、請求人が措置法第37条の10第3項第4号の規定に基づき譲渡所得の課税対象となることを認識していたとしても、次のことから、本件株式譲渡には価額及び数量についての錯誤がある。

A 本件株式譲渡の時における■■■■株式の時価が、1,500円を超えるにもかかわらず、本件株式譲渡に際し、請求人及び■■■■■（本件株式譲渡に係る取締役会決議をした取締役会の構成員）は、税理士に相談して受けた指導を基に、共に、■■■■株式の時価が1,500円であると認識していた。

B 本件株式譲渡に先立ち、請求人及び■■■■は、■■■■株式の時価が1株当たり1,500円、■■■■が負担できる金額が■■■■■程度であることを前提とし、■■■■■から株式数を逆算して、■■■■■株式■■■■を■■■■■■で売買する旨の協議を行った。

(ハ) 仮に上記(イ)又はロの錯誤がなかったならば、請求人、■■■■

容として表示された事実は認められないから、錯誤により無効であるとはいえない。

■及び■■■は売買の意思表示をしなかったのであり、このことは通常人の立場からみても相当である。

□　請求人は、原処分に係る調査に際して、原処分庁所属の調査担当職員（以下「本件調査担当職員」という。）に対し、本件株式譲渡により生じた経済的成果を除去する意向を伝えたところ、本件調査担当職員から、当該除去を行えば新たな課税が生じるとの説明を受けたので、当該経済的成果の除去を保留するとともに、その旨を本件調査担当職員に説明した。

　その後も、請求人は、本件調査担当職員に対し、本件株式譲渡が錯誤により無効である旨の主張を継続したが、本件調査担当職員は、経済的成果が失われていなければ錯誤無効の主張は意味がない旨を、調査終了時を含め、請求人に対し、指摘しなかった。

　このような事情の下では、「本件株式譲渡による経済的成果が失われていない」という事実は、請求人による経済的成果の除去を阻害し、適切な説明をしないことにより原処分庁が作出したに等しいものであるところ、課税庁が課税要件事実を作出した上でこれに課税をすることは、公序良俗に反し、違法又は不当である。したがって、本件においては、「本件株式譲渡による経済的成果が失われていない」との事実は、原処分の適法性の判断の根拠となる事実から除かれるべきである。

□　本件株式譲渡に係る経済的成果が、その行為が無効であることに基因して失われた事実は認められないから、原処分の適法性には影響がない。

4　当審判所の判断

　(2)　争点1　（本件株式譲渡の時における■■■■■株式の1株当たりの
　　　　　　　価額はいくらか。）について

　　イ　法令解釈

　　　所得税基本通達59－6前段は、所得税法第59条第1項の規定の適用
　　に当たって、譲渡所得の基因となる資産が株式である場合の当該株式
　　の時価は、同通達23〜35共－9に準じて算定した価額による旨定め、
　　同通達は、株式の価額について、当該株式が非上場株式で気配相場や
　　売買実例がなく、その公開の途上にもなく、かつ、類似法人比準方式
　　により評価することができない場合には、評価時点又はこれに最も近
　　い日におけるその株式の発行法人の「1株当たりの純資産価額等を参
　　酌して通常取引されると認められる価額」とする旨を定めている。

　　　そして、所得税基本通達59－6後段は、上記「1株当たりの純資産
　　価額等を参酌して通常取引されると認められる価額」とは、原則とし
　　て一定の条件を付して、評価通達の定める非上場株式の評価方法によ
　　り算定した価額とする旨を定めている。これは、評価通達の定める非
　　上場株式の評価方法が、相続又は贈与における財産評価手法として一
　　般的に合理性を有し、課税実務上も定着しているものであるから、こ
　　れと著しく異なる評価方法を所得税の課税において導入すると、混乱
　　を招くこととなるという観点から、評価通達の定める非上場株式の評
　　価方法を、所得税課税においても採用することを明らかにするととも
　　に、この評価方法を無条件で所得税課税において採用することには弊
　　害があることから、一定の条件を付して採用することとしているもの
　　であり、以上のような、所得税基本通達59－6の定めは、当審判所に
　　おいても、合理的であると認められる。

　　ロ　検討

　　　(イ)　■■■■■株式は、非上場株式であり、類似法人比準方式により
　　　　評価する上で適正な類似法人の株式の価額は認められず、気配相場
　　　　もなく、株式公開の途上にもない。

　　　(ロ)　本件株式譲渡の後に、■■■■■は、■■■から■■■■■株式

を１株当たり1,500円で取得しているが、■■■■■株式の取得と本件株式譲渡における対価の額は、いずれも■■■■の助言に基づく同一の金額であるから、■■■■■株式の取得は、本件株式譲渡と独立して適正な対価を算定した上でなされた取引ではなく、売買実例として適正なものであるとはいえない。

(ハ)　本件株式譲渡において株式を譲渡した請求人は、■■■■■にとって評価通達188の(2)に定める「中心的な同族株主」に該当するから、■■■■■は、所得税基本通達59－６の(2)の定めにより、評価通達178に定める「小会社」に該当するものとして■■■■■株式の価額を評価すべきであり、同通達179の(3)の定めにより、同通達185に定める「１株当たりの純資産価額（相続税評価額によって計算した金額）」と同通達180に定める「類似業種比準価額」及び「１株当たりの純資産価額（相続税評価額によって計算した金額）」それぞれに0.5を乗じた額の合計額とのいずれか低い価額をもって評価すべきである。

その際、所得税基本通達59－６の(3)の定めにより、「１株当たりの純資産価額（相続税評価額によって計算した金額）」の計算に当たっては、土地等及び上場有価証券については時価で評価するとともに、同(4)の定めにより、評価通達186－２により計算した評価差額に対する法人税額等に相当する金額は控除しない旨の修正を加えるべきである。

(ニ)　上当審判所の調査及び審理の結果に基づき、本件株式譲渡の時における■■■■■株式の価額を算定すると、「１株当たりの純資産価額（相続税評価額によって計算した金額）」は、■■■■、「類似業種比準価額」は、■■■■であると認められ、「１株当たりの純資産価額等を参酌して通常取引されると認められる価額」は、「１株当たりの純資産価額（相続税評価額によって計算した金額）」■■■■と、「類似業種比準価額」■■■■及び「１株当たりの純資産価額（相続税評価額によって計算した金額）」■■■■それぞれに0.5を乗じた額の合計額■■■■とのうち低い価額である■■■

■であると認められる。これは、原処分において、本件株式譲渡に
係る請求人の所得の金額を計算するに当たり基礎とした金額と同額
である。

ハ 請求人の主張について

請求人は、■■■■が■■■から■■■■■株式を取得した際の
取引価額が売買実例価額として適正であると主張する。

しかしながら、当該取引価額が売買実例価額として適正なものとは
いえないことは上記のとおりである。

請求人の主張は、当該取引価額が、評価通達188の(1)に定める「同
族株主のいる会社の株式のうち、同族株主以外の株主の取得した株
式」に該当した場合に適用される同通達188−2の定める配当還元方
式により算定した場合の価額と乖離がないことをいう趣旨と解される
が、

・同通達の定めは、事業経営への影響の少ない同族株主の一部及び従
業員株主などのような少数株主が取得した株式については

・これらの株主は単に配当を期待するにとどまるという実質のほか

・評価手続の簡便性をも考慮して

・本来の評価方法に代えて価額を算定する趣旨の定めであるところ

・■■■■■株式を譲渡した請求人は

・評価通達に定める同族株主であって

・「同族株主のいる会社の株式のうち、同族株主以外の株主の取得し
た株式」に該当しない以上

・請求人の譲渡所得の金額を算定するために■■■■■株式の価額を
評価するに当たり、配当還元方式が合理的であるとはいえない。

したがって、請求人の主張は採用することができない。

(3) 争点2 （本件株式譲渡は無効であり、本件株式譲渡による請求人の
所得は遡及的に消滅したと認められるか否か。）について

イ 法令解釈

所得税は、株式の譲渡等の原因行為そのものにではなく、その結果
として取得した経済的成果に担税力を認めて課税するものであるか

ら、仮に原因行為が実体的に無効であるとしても、当該経済的成果が原因行為の無効を基因として現実に失われない限り、所得税の課税物件を欠くことにはならないものと解するのが相当である。

ロ　当てはめ

　本件株式譲渡及び本件自己株式処分の後、■■■■■株式を最終的に取得した■■■■が株主名簿に株主として記載され、また、これまでに請求人が受領した対価の額を返還した事実も認められないから、本件株式譲渡により請求人が取得した経済的成果は失われていない。

　したがって、本件株式譲渡が私法上無効であるか否かについて検討するまでもなく、これによる請求人の所得が遡及的に消滅したと認める余地はない。

ハ　請求人の主張について

　請求人は、本件調査担当職員に経済的成果を除去する意向を伝えたところ、当該除去を行えば、新たな課税が生じるとの説明を受けたため除去を保留したものであり、経済的成果が現存していることを課税処分の根拠とすることは、原処分庁が課税要件事実を積極的に作出したに等しいことから、これをもって課税することはできない旨を主張する。

　しかしながら、請求人の主張を前提にしても、本件調査担当職員の発言は、請求人の経済的成果を除去するとの意向に対し、経済的成果の除去を行えば新たな課税関係が生じるとの説明をしたにすぎず、これをもって、原処分庁が課税要件事実を積極的に作出したとはいい難い。なお、本件自己株式処分については、仮に無効となるべき事由があったとしても、会社法第828条は、当該無効は、自己株式の処分の効力が生じた日から１年以内に訴えをもってのみ主張ができる旨規定しており、そのような訴訟が当該期間内に提起されたことがない以上、本件自己株式処分が、私法上無効となる余地はなくなったというべきであるから、これを原状に復する場合には、新たな取引として課税関係が生じるという説明には合理性がある。

　したがって、請求人の主張は採用することができない。

Q2-10 発行会社への株式引渡し（みなし譲渡）

> 発行会社への株式引渡しについて参照となる事例を教えてください。

Ansewr

下記が参考になります。

【解説】

（みなし譲渡／発行会社への株式引渡し）取引価額である1株当たり3,000円（額面の3倍）は、時価（評価通達により算定された価額）の2分の1に満たないから、株式引渡しは所得税法59条1項2号に規定する譲渡に該当するとした事例（平30-03-19裁決）（TAINZコード F0-1-835）

要 点

同族株主の有していた株式の同族会社への引渡価額が、時価の2分の1に満たないからみなし譲渡に該当するとされた事案

納税者は、自己が保有する同族会社の株式を1株当たり3,000円で同社に引渡し、配当等とみなす金額の規定に基づき配当所得として申告したところ、課税庁が、所得税法第59条第1項第2号に規定する著しく低い価額による譲渡に当たり、配当所得に加えて譲渡所得も発生したとして、所得税等の更正処分並びに過少申告加算税の賦課決定処分をしました。これに対し、納税者が当該引渡しは錯誤により無効であるとして、原処分の全部の取消しを求めた事案です。

争点の1つは、本件株式引渡しが所得税法第59条第1項第2号に規定する「譲渡」に該当するかどうかでしたが、株式の発行法人において資産の取得ではなく資本等取引とする法人税法上の取扱いは、株主にとって譲渡

であるか否かには影響せず、株主が株式の所有権を移転する行為は譲渡そのものであると判断しました。もう１つは、本件株式引渡しは錯誤により無効であり、これによって株式引渡しによる請求人の所得は消滅したといえるかどうかでしたが、納税者が対価の額を返還した事実がないことから経済的利益は残っておりこれに対し所得税は課税されると判断しました。

その後、訴訟となったかは不明です。

〔裁決の要旨〕

1　本件は、請求人が従前より所有していたＡ社の発行済株式（本件株式）を１株当たり3,000円（額面の３倍）でＡ社に引き渡し、当該引渡しについて所得税法第25条の規定に基づき配当所得として申告したところ、原処分庁が、当該引渡しは、同法第59条第１項第２号に規定する「著しく低い価額」による譲渡に当たり、配当所得に加えて譲渡所得も発生したとして、所得税等の更正処分等をしたのに対し、請求人が、当該引渡しは錯誤により無効であるなどとして、原処分の全部の取消しを求めた事案である。

2　Ａ社は、非上場の株式会社であり、本件株式引渡しの時における本件株式の価額については、気配相場がなく、株式公開の途上にもなく、類似法人比準方式により評価する上で適正な類似法人の株式の価額もない。また、適正な売買実例も認められないことから、所得税基本通達59－６の法令解釈にのっとって、「１株当たりの純資産価額等を参酌して通常取引されると認められる価額」を、一定の条件を付して、評価通達の定める非上場株式の評価方法により算定することとなる。

3　本件株式引渡しの時において請求人は、Ａ社にとって評価通達188の⑴に定める「同族株主」に該当し、Ａ社は、評価通達178に定める「中会社」に該当するから、本件株式の価額は、同通達179の⑵の定めにより、同通達185に定める「１株当たりの純資産価額（相続税評価額によって計算した金額）」と同通達180に定める「類似業種比準価額」に0.75を乗じた額及び上記「１株当たりの純資産価額（相続税評価額によって計算した金

額）」に0.25を乗じた額の合計額とのいずれか低い価額をもって評価すべきである。

4 所得税基本通達59－6の(3)の定めにより、「1株当たりの純資産価額（相続税評価額によって計算した金額）」の計算に当たっては、土地等及び上場有価証券については時価で評価する旨の修正を加えるべきである。

5 本件株式引渡しの取引価額である1株当たり3,000円という価額は、本件株式引渡しの時における価額（評価通達により算定された価額）の2分の1に満たないことから、本件株式引渡しは所得税法第59条第1項第2号に規定する譲渡に該当する。

6 請求人は、本件株式引渡しは錯誤により無効であり、本件株式引渡しによる請求人の所得は消滅した旨主張する。しかし、所得税は、株式の譲渡等の原因行為そのものにではなく、その結果として取得した経済的成果に担税力を認めて課税するものであるから、仮に原因行為が実体的に無効であるとしても、当該経済的成果が原因行為の無効を基因として現実に失われない限り、所得税の課税物件を欠くことにはならないものと解するのが相当である。

7 本件株式引渡し後、これまでに、請求人が受領した対価の額を返還したこともないのであるから、本件株式引渡しに係る請求人の経済的成果は失われていない。したがって、本件株式引渡しが私法上無効であるか否かについて検討するまでもなく、これによる請求人の所得が遡及的に消滅したと認める余地はない。

8 措置法第37条の10第3項第4号により、本件株式の時価の合計額からみなし配当金額を控除した残額が、株式等に係る譲渡所得の金額の計算上総収入金額に算入され、そこから本件株式の取得費を控除した金額が未公開分株式等の譲渡所得の金額となる。

これを前提に算出した請求人の平成25年分の譲渡所得の金額は○○○○となり、この金額は更正処分のそれを下回るから、更正処分は、その一部を取り消すべきである。

〔裁決書（一部抜粋）〕

2　争　点

(1)　争点1　本件株式引渡しは所得税法第59条第1項第2号に規定する譲
　　　　　　渡に該当するか否か。また、同号に規定する譲渡に該当すると
　　　　　　認められた場合に、原処分には本件株式の1株当たりの価額を
　　　　　　過大認定した違法があるか否か。

(2)　争点2　本件株式引渡しは錯誤により無効であり、本件株式引渡しに
　　　　　　よる請求人の所得は消滅したか否か。

4　当審判所の判断

(2)　争点1　（本件株式引渡しは所得税法第59条第1項第2号に規定する
　　　　　　譲渡に該当するか否か。また、同号に規定する譲渡に該当する
　　　　　　と認められた場合に、原処分には本件株式の1株当たりの価額
　　　　　　を過大認定した違法があるか否か。）について

　イ　法令解釈

　　　所得税基本通達59－6前段は、所得税法第59条第1項の規定の適用
　　に当たって、譲渡所得の基因となる資産が株式である場合の当該株式
　　の時価は、所得税基本通達23〜35共－9に準じて算定した価額による
　　旨定め、同通達は、株式の価額について、当該株式が非上場株式で気
　　配相場や売買実例がなく、その公開の途上にもなく、かつ、類似法人
　　比準方式により評価することができない場合には、評価時点又はこれ
　　に最も近い日におけるその株式の発行法人の「1株当たりの純資産価
　　額等を参酌して通常取引されると認められる価額」とする旨定めてい
　　る。

　　　そして、所得税基本通達59－6後段は、上記「1株当たりの純資産
　　価額等を参酌して通常取引されると認められる価額」とは、原則とし
　　て一定の条件を付して、評価通達の定める非上場株式の評価方法によ
　　り算定した価額とする旨を定めている。これは、評価通達の定める非
　　上場株式の評価方法が、相続又は贈与における財産評価手法として一
　　般的に合理性を有し、課税実務上も定着しているものであるから、こ
　　れと著しく異なる評価方法を所得税の課税において導入すると、混乱

を招くこととなるという観点から、評価通達の定める非上場株式の評価方法を、所得税課税においても採用することを明らかにするとともに、この評価方法を無条件で所得税課税において採用することには弊害があることから、一定の条件を付して採用することとしているものであり、以上のような、所得税基本通達59－6の定めは、当審判所においても、合理的であると認められる。

ロ　検討

(イ)　■■■■は、非上場の株式会社であり、本件株式引渡しの時における本件株式の価額については、同卜のとおり、気配相場がなく、株式公開の途上にもなく、類似法人比準方式により評価する上で適正な類似法人の株式の価額もない。

　　また、本件株式を評価する上で適正な売買実例も認められないことから、上記イの法令解釈にのっとって、「1株当たりの純資産価額等を参酌して通常取引されると認められる価額」を、一定の条件を付して、評価通達の定める非上場株式の評価方法により算定することとなる。

(ロ)　本件株式引渡しの時において請求人は、■■■■にとって評価通達188の(1)に定める「同族株主」に該当し、■■■■は、評価通達178に定める「中会社」に該当するから、本件株式の価額は、同通達179の(2)の定めにより、同通達185に定める「1株当たりの純資産価額（相続税評価額によって計算した金額）」と同通達180に定める「類似業種比準価額」に0.75を乗じた額及び上記「1株当たりの純資産価額（相続税評価額によって計算した金額）」に0.25を乗じた額の合計額とのいずれか低い価額をもって評価すべきである。そして、所得税基本通達59－6の(3)の定めにより、上記「1株当たりの純資産価額（相続税評価額によって計算した金額）」の計算に当たっては、土地等及び上場有価証券については時価で評価する旨の修正を加えるべきである。

(ハ)　本件株式引渡しの時における本件株式の「類似業種比準価額」は、■■■■となる。

㈁　本件株式引渡しの時における本件株式の「１株当たりの純資産価額（相続税評価額によって計算した金額）」は、別表２－２のとおり、所得税基本通達59－６の(3)に準じて、土地等及び上場有価証券については時価で評価する旨の修正を加えた上で算定した■■■■の平成25年７月20日現在の純資産価額■■■■■■■を発行済株式数■■■■で除した■■■■である。

㈂　以上から、本件株式引渡しの時における本件株式の価額は、「１株当たりの純資産価額（相続税評価額によって計算した金額）」は■■■■と、「類似業種比準価額」に0.75を乗じた額及び「１株当たりの純資産価額（相続税評価額によって計算した金額）」に0.25を乗じた額の合計額■■■■とのうち低い価額である■■■■から評価通達187に基づき、株式１株に対して受ける予想配当の金額■■■を控除した■■■■であると認められる。これに対し、本件株式引渡しの取引価額である１株当たり3,000円という価額は、本件株式引渡しの時における価額の２分の１に満たないことから、本件株式引渡しは所得税法第59条第１項第２号に規定する譲渡に該当する。

㈃　譲渡所得の計算

本件株式引渡しに係る譲渡所得の計算に当たって、請求人が本件株式引渡しに伴い、所得税法第25条により■■■■から配当を受けたとみなされる金額については争いがなく、当審判所の計算によっても原処分と同額の■■■■■■となる。

そして、上記ホで認定した本件株式引渡しの時における本件株式の１株当たりの価額■■■■に本件株式引渡しに係る株数■■■■を乗じて算出した■■■■■■から■■■■からの配当とみなされる金額■■■■■■を控除した■■■■■■が、請求人の本件株式に係る譲渡所得の金額の計算上総収入金額に算入される。そうすると、当該総収入金額■■■■■■から本件株式■■■■の取得費■■■■■■を控除した■■■■■■が請求人の本件株式引渡しに係る譲渡所得の金額（未公開分株式等の譲渡所得の金額）となる。

ハ　請求人の主張について

(イ)　請求人は、法人税法上資産として取り扱われていた自己株式が平成18年税制改正後において、自己株式の取得は資産の取得ではなく資本等取引とされたことから、受贈益課税はされないこと、また、「譲渡」とは、資産の移転のことであるところ、発行法人において資産の取得とされない場合は、それは「譲渡」に該当しないことから、資本等取引である発行法人の自己株式の取得は譲渡には該当しないと主張する。

しかしながら、

・上記主張は法人税法上の株式の発行法人における課税上の取扱いに関する主張であって

・同じく資本等取引として株式の発行法人に課税関係の生じない自己株式の処分が、会社法第128条《株券発行会社の株式の譲渡》第1項では「自己株式の処分による株式の譲渡」と規定されているように

・自己株式の取引に係る対価の額等についての株式の発行法人における法人税法上の取扱いは

・譲渡であるか否かには影響せず

・株主が株式の所有権を移転する行為は譲渡そのものである。

したがって、請求人の主張は理由がない。

(ロ)　請求人は、措置法第37条の10第3項第4号が自己株式の取得について、株式等の譲渡ではないことを前提とした規定である旨主張する。

しかしながら

・同号の規定は、交付を受ける金銭及び金銭以外の資産の価額の合計額を収入金額とみなす規定であって、自己株式の取得が譲渡であることを否定するものではない。

したがって、請求人の主張は理由がない。

(ハ)　請求人は、仮に原処分庁の主張するとおり本件株式引渡しが譲渡に該当するとしても、譲渡所得の収入金額とみなされる1株当たり

の価額は、親族が同様に譲渡した1株当たり3,000円の売買実例価額をもって時価と認められる旨主張する。

　　しかしながら、本件株式引渡しの際、請求人以外の親族が本件株式を■■■に引き渡しているが、上記(1)のハのとおり、これらの価額は■■■■の助言に基づく同一の金額であることから、これらの取引は適正な対価を算定した上でなされた取引ではなく、売買実例として適正なものであるとはいえない。

　　したがって、請求人の主張は理由がない。

㈢　請求人は、1株当たり3,000円の売買実例価額が時価と認められないとしても、■■■■の■■■■に対する募集株式引受権の付与が本件株式引渡しよりも前の平成25年8月2日前に行われているのであるから、株式の時価は本件株式引渡しよりも前に既に減少しており、原処分庁の主張額よりも低くなると主張する。

　　しかしながら、平成25年8月2日の取締役会において、「■■■■他3名からの当社株買取依頼の件について、社長である■■■■が買取し……（中略）……承認可決した。」との記載は、請求人の主張する募集株式引受権の付与ではなく取引の承認と認められ、実際に本件株式引渡しが行われた平成25年8月22日時点で、本件株式引渡しに係る1株当たりの価額を算定することになる。

　　したがって、請求人の主張は理由がない。

(3)　争点2　（本件株式引渡しは錯誤により無効であり、本件株式引渡しによる請求人の所得は消滅したか否か。）について

イ　法令解釈

　　所得税は、株式の譲渡等の原因行為そのものにではなく、その結果として取得した経済的成果に担税力を認めて課税するものであるから、仮に原因行為が実体的に無効であるとしても、当該経済的成果が原因行為の無効を基因として現実に失われない限り、所得税の課税物件を欠くことにはならないものと解するのが相当である。

ロ　当てはめ

　　本件株式引渡し後、これまでに、請求人が受領した対価の額を返還

したこともないのであるから、本件株式引渡しに係る請求人の経済的
成果は失われていない。

　したがって、本件株式引渡しが私法上無効であるか否かについて検
討するまでもなく、これによる請求人の所得が遡及的に消滅したと認
める余地はない。

ハ　請求人の主張について

　請求人は、原処分庁に対し契約をなかったものにしたい旨の嘆願書
を提出しているところ、原処分庁は当該嘆願書に対して適切な回答を
しなかったために、請求人は原処分までに契約をなかったもの（経済
的成果は失われていた）とすることができなかったのであり、原処分
庁は、「その状況」が原処分時まで継続していたことに責任がある旨
を主張する。

　しかしながら、上記ロのとおり、現に本件株式引渡しに係る請求人
の経済的成果は失われておらず、本件更正処分は所得税の課税物件を
欠いていないから、請求人の主張は採用することができない。

(2) 法人から法人へ売却する場合

Q2-11 法人⇒個人間、法人⇒法人間売買の税務上の適正評価額

法人⇒個人間、法人⇒法人間売買の税務上の適正評価額について
ご教示ください。

Ansewr

税務上の適正評価額は「譲受人ベース」での「譲受直後の議決権割合」
で判定します。原則が法人税基本通達9-1-14又は法人税基本通達4-
1-6、例外が配当還元方式です。みなし贈与認定は適正時価の約80%程
度を切るくらいです。

法人税基本通達9-1-14(4-1-6)は、合併比率、交換比率の算
定、第三者割当増資の1株当たり価額算定等に利用されます。

【解 説】

【法人税基本通達9-1-14】
(上場有価証券等以外の株式の価額の特例)
9-1-14 法人が、上場有価証券等以外の株式(9-1-13の(1)及び
(2)に該当するものを除く。)について法第33条第2項《資産の評価換えに
よる評価損の損金算入》の規定を適用する場合において、事業年度終了の
時における当該株式の価額につき昭和39年4月25日付直資56・直審(資)
17「財産評価基本通達」(以下9-1-14において「財産評価基本通達」
という。)の178から189-7まで《取引相場のない株式の評価》の例に
よって算定した価額によっているときは、課税上弊害がない限り、次によ
ることを条件としてこれを認める。
(1) 当該株式の価額につき財産評価基本通達179の例により算定する場合
(同通達189-3の(1)において同通達179に準じて算定する場合を含む。)
において、当該法人が当該株式の発行会社にとって同通達188の(2)に定

める「中心的な同族株主」に該当するときは、当該発行会社は常に同通達178に定める「小会社」に該当するものとしてその例によること。

(2) 当該株式の発行会社が土地（土地の上に存する権利を含む。）又は金融商品取引所に上場されている有価証券を有しているときは、財産評価基本通達185の本文に定める「1株当たりの純資産価額（相続税評価額によって計算した金額）」の計算に当たり、これらの資産については当該事業年度終了の時における価額によること。

(3) 財産評価基本通達185の本文に定める「1株当たりの純資産価額（相続税評価額によって計算した金額）」の計算に当たり、同通達186－2により計算した評価差額に対する法人税額等に相当する金額は控除しないこと。

　なお、所得税基本通達59－6で計算した金額と、法人税基本通達9－1－14（4－1－6）で計算した金額は必ず一致していました。先述の通り、所得税基本通達59－6については国税情報があるものの法人税基本通達ではそれがないので、理屈としては不一致でも問題ありません。しかし現状の実務では完全一致させるのが通常です。

【法人税基本通達4－1－6】
（上場有価証券等以外の株式の価額の特例）
4－1－6　法人が、上場有価証券等以外の株式（4－1－5の(1)及び(2)に該当するものを除く。）について法第25条第3項《資産評定による評価益の益金算入》の規定を適用する場合において、再生計画認可の決定があった時における当該株式の価額につき昭和39年4月25日付直資56・直審（資）17「財産評価基本通達」（以下4－1－6において「財産評価基本通達」という。）の178から189－7まで《取引相場のない株式の評価》の例によって算定した価額によっているときは、課税上弊害がない限り、次によることを条件としてこれを認める。

(1) 当該株式の価額につき財産評価基本通達179の例により算定する場合

（同通達189−3の⑴において同通達179に準じて算定する場合を含む。）において、当該法人が当該株式の発行会社にとって同通達188の⑵に定める「中心的な同族株主」に該当するときは、当該発行会社は常に同通達178に定める「小会社」に該当するものとしてその例によること。

⑵　当該株式の発行会社が土地（土地の上に存する権利を含む。）又は金融商品取引所に上場されている有価証券を有しているときは、財産評価基本通達185の本文に定める「1株当たりの純資産価額（相続税評価額によって計算した金額）」の計算に当たり、これらの資産については当該再生計画認可の決定があった時における価額によること。

⑶　財産評価基本通達185の本文に定める「1株当たりの純資産価額（相続税評価額によって計算した金額)」の計算に当たり、同通達186−2により計算した評価差額に対する法人税額等に相当する金額は控除しないこと。

① 同族株主の判定時期は明記ありません。この通達は有価証券の評価損通達で株式を所有していることを前提としたものとされています。

② 所得税基本通達59−6と同じ考え方をするのは法人税基本通達2−3−4です。それ以外の留意すべき点は所得税基本通達59−6と同じです。なお純然たる第三者間においての取引価額についても考え方は同じです[13]。

　法人税基本通達2−3−4において上場有価証券等以外の株式の譲渡に係る対価の額（時価）の算定に当たっては、法人税基本通達4−1−5、4−1−6を準用することを規定しています。これらの準用通達は民事再生法の規定による再生計画認可決定のあった時の株式の価額について解釈指針です。なお、法人税基本通達9−1−13、9−

---

[13]　小原一博編著『法人税基本通達逐条解説八訂版』（税務研究会出版局）718頁においては「ただし、純然たる第三者間において種々の経済性を考慮して定められた取引価額は、たとえ上記と異なる価額であっても、一般に常に合理的なものとして是認されることとなろう」と記載されています。

　１－14は法人税基本通達４－１－５、４－１－６の方が発遣された時期が古いためこちらのほうがなじみ深いというだけです[14]。

【法人税基本通達２－３－４】

（低廉譲渡等の場合の譲渡の時における有償によるその有価証券の譲渡により通常得べき対価の額）

２－３－４　法人が無償又は低い価額で有価証券を譲渡した場合における法第61条の２第１項第１号《有価証券の譲渡損益の益金算入等》に規定する譲渡の時における有償によるその有価証券の譲渡により通常得べき対価の額の算定に当たっては、４－１－４《上場有価証券等の価額》並びに４－１－５及び４－１－６《上場有価証券等以外の株式の価額》の取扱いを準用する。

（注）　４－１－４本文に定める「当該再生計画認可の決定があった日以前１月間の当該市場価格の平均額」は、適用しない。

14　茂腹敏明『非上場株式鑑定ハンドブック』（中央経済社2009年）464頁～465頁、OAG税理士法人『株式評価の実務全書』（ぎょうせい2019年）46頁

Q2-12　法人間の異動の留意点

> 法人間の異動で留意すべき点があればご教示ください[15]。

Answer

下記になります。

【解説】

○時価による譲渡（民法555、売買）（譲渡価格＝時価）
・譲渡価格から取得価額及び譲渡費用を控除した差額が益金の額又は損金の額
・譲渡利益額又は譲渡損失額（法法22②、61②）
・購入代価が取得価額（法令119①）
○時価より低い価額（譲渡価額＜時価）で譲渡
・時価から取得価額及び譲渡費用を控除した差額が益金・損金の額
・時価と譲渡価額との差額が寄附金（法法37⑧）
・時価が取得価額（法令119①一）
・購入代価と時価との差額は受贈益（法法22②）
○時価より高い価額で譲渡（譲渡価額＞時価）
・時価から取得価額及び譲渡費用を控除した差額が益金・損金の額
・時価と譲渡価額との差額が受贈益（法法25の2②）
・時価が取得価額（法令119①一）
・購入代価と時価との差額は寄附金（法法37⑧）
○贈与（民法549）（譲渡価額＝0）

15　中島茂幸『非上場株式の税務』（中央経済社2015年）146頁

　　　・時価を譲渡価額として取得価額及び譲渡費用を控除した差額
　　　　が益金又は損金の額
　　　・時価が取得価額（法令119①・⑧）
　　　・時価相当額は受贈益（法法22②）

DES との関係

　なお、法人税基本通達９－１－13⑴売買事例のあるもの、との規定は、課税実務上は、売買に限定されず、売買と近似の取引にも及びます。典型的なのは DES（デット・エクイティ・スワップ）です。

　例えば、令和４年６月30日にオーナー貸付金につき DES を実行したとします。第三者割当増資になりますので、増資価額の税務上適正評価額は、法人税基本通達９－１－14又は時価純資産価額です。ここでは時価純資産価額を採用したと仮定します。

　このあと、令和４年11月30日にオーナーが死去したとします。オーナー死亡に係る相続税申告の株式評価額は相続税評価額（原則）です。

　しかし、その後の税務調査で「DES 実行時と死亡時が近い。相続税申告に適用される『その時の時価』とは DES 実行時の時価純資産価額である」と指摘された事例があります。

　根拠として、相続税法第22条及び、法人税基本通達９－１－13⑴の売買実例価格も広く解釈し直近の取引価額に該当すること等が列挙されました。このケースは、結局、「このままオーナー貸付金があると相続税申告で額面評価になってしまう、今のうちに株式化して株価低減策を図ろう」と思っていた矢先に結果論としてこうなってしまったのです。

【法人税基本通達９－１－13】

（上場有価証券等以外の株式の価額）

９－１－13　上場有価証券等以外の株式につき法第33条第２項《資産の
　　評価換えによる評価損の損金算入》の規定を適用する場合の当該株式の価

額は、次の区分に応じ、次による。

(1)　売買実例のあるもの当該事業年度終了の日前 6 月間において売買の行われたもののうち適正と認められるものの価額

(2)　公開途上にある株式（金融商品取引所が内閣総理大臣に対して株式の上場の届出を行うことを明らかにした日から上場の日の前日までのその株式）で、当該株式の上場に際して株式の公募又は売出し（以下 9 - 1 -13において「公募等」という。）が行われるもの（(1)に該当するものを除く。）金融商品取引所の内規によって行われる入札により決定される入札後の公募等の価格等を参酌して通常取引されると認められる価額

(3)　売買実例のないものでその株式を発行する法人と事業の種類、規模、収益の状況等が類似する他の法人の株式の価額があるもの（(2)に該当するものを除く。）当該価額に比準して推定した価額

(4)　(1)から(3)までに該当しないもの　当該事業年度終了の日又は同日に最も近い日におけるその株式の発行法人の事業年度終了の時における 1 株当たりの純資産価額等を参酌して通常取引されると認められる価額

東京高裁平成17年 1 月19日判決では「類似業種比準法は、評価基準上、非上場株式についての評価原則的な方法であり、現実に取引が行われる上場会社の株価に比準した、株式の評価額が得られる点にて合理的な手法であり、非上場株式の算定方法として最も適切な評価方法であるといえる。」と述べています。

なお、当局反論材料して下記の裁判例が用いられますが、前提条件が中小零細企業にあてはめることはできず、当局抗弁の材料としては弱いです。

（参照）

Z259 - 11273
東京地方裁判所平成19年（行ウ）第752号法人税更正処分取消等請求事件

（第 1 事件）、平成19年（行ウ）第764号（第 2 事件）（却下、棄却）（確定）平成21年 9 月17日判決【非上場株式の評価】

判示事項

1　本件は、原告 A が原告 B を合併法人とする被合併法人 B から譲り受けた D 株式の譲受価額（6 億7500万円）が、時価（52億0738万0321円）に比して低額であるとして、原告 A に対して、本件連結事業年度に係る法人税について、当該譲受価額と時価との差額を受贈益と認定する更正処分をし、原告 B に対しては、本件単体事業年度に係る法人税について寄附金の認定課税をした事例である。D は、E 投資事業有限責任組合他の持分を有し、E 投資事業有限責任組合は、平成15年12月 8 日、W に上場した F 株式を保有している。

2　財産評価基本通達185の趣旨

3　評基通185が定める 1 株当たりの純資産価額の算定方式を法人税課税においてそのまま採用すると、相続税や贈与税との性質の違いにより課税上の弊害が生ずる場合には、これを解消するために修正を加えるべきであるところ、このような修正をした上で同通達所定の 1 株当たりの純資産価額の算定方式にのっとって算定された価額は、一般に通常の取引における当事者の合理的意思に合致するものとして、連基通 8 － 1 －23(4)及び法基通 9 － 1 －13(4)にいう「1 株当たりの純資産価額等を参酌して通常取引されると認められる価額」に当たるというべきであり、そして、このように解される連基通 8 － 1 －23(4)及び 8 － 1 －24並びに法基通 9 － 1 －13(4)及び 9 － 1 －14の定めは、法人の収益、寄附金等の額を算定する前提として株式の価額を評価する場合においても合理性を有するものとして妥当するというべきである。

4　D 株式は、非上場株式であり、気配相場や独立当事者間の適当な売買実例がなく、その公開の途上になく、同社と事業の種類、規模、収益の状況等において類似する法人はなかったから、連基通 8 － 1 －23(4)及び 8 － 1 －24並びに法基通 9 － 1 －13(4)及び 9 － 1 －14に基づき、本件株式売買の日における D 株式の「1 株当たりの純資産価額等を参酌して通常取引

されると認められる価額」（時価）を評価した上、D株式に係る本件株式売買に関する収益、寄附金等の額を算定することには合理性があるというべきである。

5　F株式は、本件株式売買が行われた平成15年11月25日当時、同年10月31日にWへの上場の承認を受けて同年12月8日にWへ上場すべく公募が行われていることから、公開途上にある株式で、当該株式の上場に際して株式の公募が行われるもの（連基通8－1－23(2)及び法基通9－1－13(2)）に該当する。

6　第三者割当と売買とは私法上の法的性質を本質的に異にするものであり、第三者割当を巡る状況も相まって、第三者割当に係る株式の発行価格自体も割当て時点の当該株式の市場価値を反映するものとはいい難い上、税法上も全く異なる規律に服するものであることにかんがみると、連基通8－1－23(1)及び法基通9－1－13(1)の「売買実例」には第三者割当は含まれないものと解するのが相当である。したがって、本件第三者割当に連基通8－1－23(1)及び法基通9－1－13(1)の適用があることを前提としてその発行価格である1株当たり30万円をもってF株式の価額と評価すべきであるとする原告らの主張は理由がない。

7　原告らは、Dは、本件株式売買の時点において、平成16年4月1日に原告Aを連結親法人とする連結子法人となることが確実であり、その前日である同年3月31日時点で、時価評価資産の評価差額に対する法人税の納税義務が発生することが確定的であって、事業の継続性を前提としていないので、D株式の価額を評価するに当たっては、その資産の評価差額に対する法人税額等相当額を控除すべきである旨主張する。

8　原告らの上記主張は上記各通達に明文のない例外を創設するものであって、「事業の継続性の有無」という抽象的かつ曖昧な基準によって上記各通達に明文のない例外を創設することには、課税実務の安定的・公平な運用の観点から疑問がある上、評基通185が、1株当たりの純資産価額の算定に当たり法人税額等相当額を控除するものとしているのは、個人が財産を直接所有し、支配している場合と、個人が当該財産を会社を通じて間接的に所有し、支配している場合との評価の均衡を図るためであり、評価の

対象となる会社が現実に解散されることを前提としていることによるもの
ではないと解されることに照らすと、評価の対象となる会社の事業の継続
性の有無を基準として法人税額等相当額の控除の有無を決することには合
理性がないというべきである。

判示で

「F株式は、本件株式売買が行われた平成15年11月25日当時、同年10
月31日にWへの上場の承認を受けて同年12月8日にWへ上場すべく
公募が行われていることから、公開途上にある株式で、当該株式の上
場に際して株式の公募が行われるもの（連基通8－1－23(2)及び法基通
9－1－13(2)）に該当」

との記載がありますが、これらから中小零細ではこの裁判例が直接使える
ものではないということがわかります。事案の規模が全く異なります。

Q2-13　法人税法における時価（＝価額）

法人税法における時価（＝価額）の考え方について教えてください。

Answer

下記になります。

【解 説】

租税法上、法人税法における時価は相続税法における時価を一部準用しています。

法人税法における課税標準である「各事業年度の所得の金額」（法法21）は当該法人の有償取引のみならず、無償、低額、現物での取引も射程内です。

この場合の価額は「不特定多数の当事者間で自由な取引が行われる場合に通常成立すると認められる価額」です[16]。下記では法人での取引をいくつか見ていきます。増資において新株の発行価額を決定する必要があります。

有償増資には公募増資、株主割当増資、第三者割当増資があるが、閉鎖会社の増資は専ら株主割当増資か第三者割当増資となります。株主割当増資の場合、株主平等原則の要請が働き原則として新株の発行価額に制約はありません。

有利発行、不利発行は時価との比較によって決定されますが、株主割当増資は、既存株主の経済的利益をいずれにせよ変動を与えません。会社法上の制限もありません。

そして、株主間で価値移転が生じないため、結果として課税は生じませ

16　「価額」について、大阪地裁昭和53年 5 月11日判決（行裁29巻 5 号943頁）、東京高裁昭和59年11月14日判決（税資140号232頁）、東京高裁昭和59年11月14日判決（税資140号232頁）、東京高裁平成 6 年 2 月26日判決（税資200号875頁）等

ん。すなわち、時価はないのです。

しかし、第三者割当増資においては、時価発行が原則であるから、課税上の問題から当該時価を決定することになります。

有利発行の場合、既存株主の持分価値が希薄化し、損害を被ることになります。

時価を下回る価額で新株を発行すると、株主間での利益移転が生じ、課税上の問題が生じます。

すなわち、時価は存在し、決定しなければならないわけです。取引相場のない株式等について、当該価額は、DCF法等の理論的算定方法の他、法人税法上の時価で算定されることが多いです。法令解釈通達に従った計算をしている以上、課税リスクから解法されるからです[17・18]。しかし、財産評価基本通達による相続税法上の時価と同様、これも真の時価を表現したものではないと考えます。法人税法上の時価は法人税基本通達によると財産評価基本通達に従っているからです。

法人税基本通達は、売買実例等が存在しない場合、財産評価基本通達に依拠しています。法人税基本通達4－1－5、及び9－1－13では、

① 売買実例のあるもの……当該事業年度終了の日以前6月間において売買の行われたもののうち適正と認められるものの価額[19]

「適正と認められるもの」の判断が困難です。

純然たる第三者間におけるM&Aにおいての株式譲渡のように利害対立局面が成立しているか、取引当事者の意図・状況によって、納税者の予測可能性が担保できない可能性があり、結果として課税庁による税務判断を仰ぐ必要があることもあるがその場合か等、が考えら

17　第三者割当増資の他には、組織再編成等における、合併や株式交換を行う場合の、合併比率、株式交換比率を算定時において、当該法人の株式価値算定のために法令解釈通達が利用されることは多い。
18　東京地裁平成19年1月31日
19　法人税法第33条第2項の資産の評価損の損金算入の規定の適用通達との位置づけから、当該株式を保有している法人の事業年度終了の日前6か月間の意味とされている。

れます。

②　公開途上にある株式……公募等の価格等を参照して通常取引される
　と認められる金額

③　売買実例のないもので類似法人の株式について価額があるもの……
　当該価額に比準して推定した価額

④　①から③までに該当しないもの……その株式の発行法人の 1 株当た
　りの純資産価額等を参酌して通常取引されると認められる金額

④は純資産価額方式です。

この通達では具体的な計算は明確ではありません。納税者はこの純資産
価額の具体的な計算方法を明記した法人税基本通達 9 - 1 -14に従えば、
課税庁側から否認されることはないと考えて行動します。租税法が経済的
取引の合理性や中立性に介入する局面です。

原則評価方法に拘束されると、価額算定に弊害が生じます。例えば、③
など、類似法人の抽出をとろうにも納税者側にデータベースはないし、納
税者が思ったデータベースが課税庁の想定したものと離齬が生じれば、課
税庁のデータベースが優先されることになります[20]。

そこで一定の条件のもと、財産評価基本通達を準用できるようにしてい
るわけです。

法人税基本通達 4 - 1 - 6 、 9 - 1 -14です[21・22・23]。

20　実務的な典型例として過大役員給与、過大役員退職慰労金の過大性判定の論点がある。
納税者が TKC の BAST 等民間指標を用いても裁判所では否認される。

21　このような通達の合理性を是認した事例として、東京地裁平成11年11月30日（税資245
号576頁）、最三小判平成18年 1 月24日（訟月53巻10号2946頁）「法人の収益の額を算定する
前提として株式の価額を評価する場合においても合理性を有するものとして妥当する」、東
京地裁平成21年 9 月17日判決（税資259号順位11273）、東京地裁平成22年 3 月 5 日（税資260
号11392）

22　税理士法人 AKJ パートナーズ『非上場会社の株価決定の実務』（中央経済社2017年）32
頁。所得税法では、同族株主の判定上、売主の譲渡直前の議決権の数により判定を行うが、
法人税法では、同様の規定はない。これは、当該通達が、所得税基本通達59- 6 とは異な
り、法人が事業年度末に保有する非上場株式についての評価損を損金算入できる場合に規定
される規定であることに対し、株式の譲渡を前提として創設された規定ではないからであ
る。同族株主の判定においては、法人税法上、財産評価基本通達と同様、株式を取得する者

この一定の条件とは、

○株式を譲渡した法人が当該株式の発行会社（評価対象会社）にとって「中心的な同族株主」に該当するときは「小会社」として評価する

○評価対象会社が有する土地及び上場有価証券については、純資産価額方式の計算上、当該評価対象会社の株式の譲渡時の価額で評価する

○純資産価額方式の計算上、評価差額に対する法人税等相当額は控除しない

です。法人税法上の時価は、後述の所得税法の時価とともに、ゴーイングコンサーンを前提としています。

法人税基本通達9－1－14が成立された趣旨は次です。

法人税基本通達9－1－13では、上場有価証券等以外の株式の適正株価を算定することは課税実務では困難です。

そこで納税者に予め予測可能性を確保させるために、より具体的な指針を提供する必要があり、それが財産評価基本通達178項から189－7項までの評価が実務的に定着していることをもって、割り切りとして導入されたものです[24]。

仮に納税者が財産評価基本通達の評価方法を採用せずに、第三者による鑑定評価額を得た上、当該鑑定評価を対価として取引を実行した場合、当該対価とされた額を時価として認められるかという問題は生じます。

納税者が組織再編成において、財産評価基本通達とは異なる評価方法を用いて株価を算定した場合も同様です。

の立場にたち、当該取得直後の議決権数により判定すべきである。

23　茂腹敏明『非上場株式鑑定ハンドブック』（中央経済社2009年）465頁。法人税基本通達2－3－4は法人税基本通達4－1－5と4－1－6の2つの通達の扱いを準用することとしている。当該2つの準用規定は、民事再生法による再生計画認可決定のあった時の株式の評価の解釈指針である。準用するということは、再生計画認可の決定の局面ではないときにも用いるということである。また、当該2つの準用局面は、再生計画認可決定の局面を除けば、法人税基本通達9－1－13、9－1－14と同じである。一方、これらが発遣された時期は法人税基本通達4－1－5、4－1－6に比較して古いため準用局面が豊富にある。結果として同様の位置づけと考えてよい。

24　茂腹敏明『非上場株式鑑定ハンドブック』（中央経済社2009年）481頁

　課税実務において時価の「評価」は、事実認定が強く作用します。財産評価基本通達はその一手法ともいえ、認定過程における一般的基準にすぎません。

　課税庁もこれが唯一無二の算定方法とは認識していません。納税者が財産評価基本通達より会社の実態に即した評価方法を用いた場合には、当該評価方法により算定された価額を時価と認めるべきです[25]。

　過去の裁判例では、これに反して、財産評価基本通達を重視しているきらいがあります。東京高判平成22年12月15日は納税者が第三者の評価を入手した上で新株の発行を行ったという事案で、当該第三者の評価が合理性を有するかどうか判断せずに法人税基本通達9－1－14による評価額を適正な時価としました。

　当該第三者が採用した評価方法が通達による評価方法よりも合理性があったかもしれず、その点につき審理を尽くすべきであったと考えます。

　租税法判例においては、時価の追求は取引当事者間も含めて総合勘案されます。

　これは前節で述べた通り、租税法は取引当事者の属性も射程内だからです。租税法は取引当時者が同族特殊関係者間の場合と純然たる第三者（純粋経済人）の場合とを峻別する要請をします。同族特殊関係者間では恣意的な価格調整は容易であり租税回避のインセンティブは高まりますが、純

25　東京地判平成19年1月31日判決（税務訴訟資料第257号-13（順号10622））では、株式会社A社の代表取締役である原告が、複数の株主から自社株式を自己に勝手な都合で買い取り、みなし贈与が適用された事件であるが、判決で「原告は、本件における買取価額は、公認会計士や税理士等の専門家に相談して決めたものでも、評価通達に定められた評価方法を基に算定したものでもなく、原告の大体の感覚で決めた旨述べており、原告が買取価額の設定をする際に何らかの合理的な方法に基づく計算を行ったという事実は認められない上、本件各買取申出書面には、1株当たりの当期利益や、類似業種比準方式又は純資産価額方式に基づく1株当たりの評価額等、Aの株式の買取価額の算定根拠を示す記載は一切ない。」ことから、客観的交換価値を算定していないと述べているが、「公認会計士や税理士等の専門家に相談して決めたものでも、」とは、反対解釈すれば、複数の専門家が「会社の実態に即した」「適正な算定プロセスで」算定した価額であれば「租税法上も」許容されると読みとれなくもない。

然たる第三者間取引では専ら経済的合理性が追求されるという社会通念が働いているからです。

　評価方法の立証の程度は納税者に転嫁されることもあります。

　東京高判平成10年3月30日税務訴訟資料231号411頁において、納税者が財産評価基本通達に従わず、配当還元方式による評価方式を主張したことにつき「右通達の取扱いが個別的に不当になるというのは、右基準による場合の評価額が『時価』を超え、これをもって財産の価格とすることが法の趣旨に背馳するといった特段の事情が存することの立証が必要」と判示しています。これは、納税者に対し過大な立証を要求していると考えます。

　評価対象資産の時価が一定額を下回らないことにつき、課税庁に立証責任はあるはずです。当該判決は、納税者のほうが特段の事情が存することの立証が必要であると述べているが、反証でもたりるべきです。

　このように同族特殊関係者間取引においては、評価方法に関しては法令解釈通達に従った画一的な、主張立証責任においては納税者に明らかに過度な負担を与えているといった事実がわかります。

　したがって、事実認定の複数回チェックにおいて、その前提として事実認定に耐え得る納税者側における主張・立証の準備、という機能を述べたが、バランスに欠けていることは否めません。

　純然たる第三者間（経済的に合理性のある間柄）で行われた取引においては、株価算定において、祖税法基準に従っていないケースも十分に考えられます[26]。法人税基本通達逐条解説によれば「ただし、純然たる第三者間において種々の経済性を考慮して定められた取引価額は、たとえ上記したところと異なる価額であっても、一般に常に合理的なものとして是認されることとなろう」とあります。

　このような取引当事者が相互に純然たる第三者に該当するか否かの判定

26　小原一博編著『法人税基本通達逐条解説（八訂版）』（税務研究会出版局2016年）718頁

は、取引当事者間において取引条件に影響を及ぼす資本関係の有無や、当該取引当事者間において正常な取引当事者間において正常な取引条件が成立しているかを斟酌し、個別具体的に検証を加えていくべきです[27·28]。

27　森濱田松本・264頁「独立した当事者間における非上場株式の M&A においては、実務上、マルチプル法、修正時価純資産法、ディスカウントキャッシュフロー（DCF）法等の株式評価を参照しつつ、当事者間の交渉により株式の譲渡価格の決定がされることが多い。法人税基本通達や財産評価基本通達に従った株式評価が行われることは、ほとんどないといってよい。そこで、仮に独立した当事者間の交渉により妥結した譲渡価格と法人税基本通達や財産評価基本通達に従った株式評価額に差が生じている場合、当該譲渡価格は「時価」でないとして否認される可能性はあるかが問題となる。この点について、「純然たる第三者間において種々の経済性を考慮して定められた取引価額は、（…中略…）一般に常に合理的なものとして是認されることとなろう」とあり、独立当事者間での当局からの指摘はまずない。」とある。

28　森濱田松本・264頁「グループ内（筆者注・同族特殊関係者間が想定される）とはいえ、独立した当事者間の M&A と同視しうるような手続きの公平性が存在する場合、当事者の合理的な判断を尊重し、合意された価額を時価として取り扱うべき」とある。税務調査対応について主に上記に係る書面でのエビデンス完備に触れていること箇所についての具体的事例になっている。しかし、事実認定とそれに耐え得る納税者の主張・立証として準備するものとは具体的には何か、という観点でコンパクトに述べられている。

(3) 低額譲渡・高額譲渡

Q2-14　税務上の適正評価額の強制力

> 税務上の適正評価額に「絶対に」従わなければならないのでしょうか。

Answer

　確固たる専門家の証明書があれば大丈夫だと暗に読みとれる判示も過去にあります。

【解　説】

　2つのアプローチから、原則としてないと考えられます。

　1つは先述の「純然たる第三者概念」です。これに該当した時は、法人税基本通達9－1－14（4－1－6）も所得税基本通達59－6も、ともに形式的に当てはめることはおかしいとありますので、これが論拠の1つとなります。

　また、課税執行庁が、納税義務者が選択した株価とそれに基づいて計算した所得に代えて、租税法上の定めた株価に基づいて計算した所得をもって課税をするのであれば、明らかに取引自体に干渉をなす結果を招きます。これは租税法の隠れた原則の1つの「経済取引への中立性」から逸脱することになるという意見もあります[29]。

　もう1つは過去の裁判例です。東京地判平成19年1月31日では判示で次のように述べています。

> 「原告は、本件における買取価額は、公認会計士や税理士等の専門家に相談して決めたものでも、評価通達に定められた評価方法を基に算定したものでもなく、原告の大体の感覚で決めた旨述べており、原告が買取価額の設定をする際に何らかの合理的な方法に基づく計算を

29　茂腹敏明『非上場株式鑑定ハンドブック』（中央経済社2009年）460頁

行ったという事実は認められない上、本件各買取申出書面には、1株当たりの当期利益や、類似業種比準方式又は純資産価額方式に基づく1株当たりの評価額等、Aの株式の買取価額の算定根拠を示す記載は一切ない。また、弁論の全趣旨によると、Aの株式は、原告の買取りの申出による売買以外の取引はほとんど行われていなかったものと認められるところ、Aの株主が株主総会に出席することはほとんどなかったこと及び本件各譲渡人同士のつながりを示す事実は見受けられず、本件各譲渡人が本件各譲受けに際し、本件各株式の売却価額について他の者に相談等した様子がうかがわれないことからすると、本件各譲渡人が、Aの株式の客観的な交換価値を把握するための情報を入手していたとは言い難く、その客観的な交換価値を把握することは困難であったといえる。」

　ここから専門家による鑑定意見書が存在し、かつ、その計算過程に問題がないのであれば、租税法上も容認されるとの見解があります[30]。

30　佐藤信祐『非上場株式の評価の実務』（日本法令2018年）107頁

Q2-15 税務上の適性な時価を外れた場合

税務上の適正な時価を外れた場合の課税関係についてご教示ください。

Answer

基本的に以下の課税関係になります。

【解 説】

自社株を移動する場合の税務上の適正な評価額があり、そこから外れてしまうと、以下のような課税が生じてしまいます。

1 個人⇒個人間売買

① 低額譲渡の場合：相続税法第7条「みなし贈与」の発動可能性があります。

「著しく低い価額」：明確な規定ありません。ただし、相続税評価額での売買であれば実務上問題ありません。なお、個人間では絶対にみなし譲渡は発動しません。

「時価」：明確な規定はありません。ただし、相続税評価額での売買であれば実務上問題ありません。

② 高額譲渡の場合：課税関係が生じる可能性は低いでしょう。

以上、東京地判平成19年8月23日判示が生きていることが前提です。この判示には批判意見も多い一方、課税実務上は非常に多くの場面で採用されています。

2 個人⇒法人間売買

① 低額譲渡の場合：下記の課税関係が生じます。

・売主個人

時価の２分の１未満：時価譲渡とみなし譲渡所得課税（所法59①二、所令169）が生じます。

ただし、時価の２分の１以上でも行為計算否認の発動可能性があります（所基通59－３）。実務上は「時価」は前述の所得税基本通達59－６、租税特別措置法基本通達37の10・37の11共－22に従います。

【所得税基本通達59－３】

（同族会社等に対する低額譲渡）

59－３　山林（事業所得の基因となるものを除く。）又は譲渡所得の基因となる資産を法人に対し時価の２分の１以上の対価で譲渡した場合には、法第59条第１項第２号の規定の適用はないが、時価の２分の１以上の対価による法人に対する譲渡であっても、その譲渡が法第157条《同族会社等の行為又は計算の否認》の規定に該当する場合には、同条の規定により、税務署長の認めるところによって、当該資産の時価に相当する金額により山林所得の金額、譲渡所得の金額又は雑所得の金額を計算することができる。（昭50直資３－11、直所３－19追加）

では、みなし贈与課税となった場合、誰に課税関係が生じるのでしょうか。

相続税法基本通達９－２⑷より、株式を低額で譲渡した者から既存株主への経済的利益の移転が生じたものとして、その利益が贈与税対象となります。

【相続税法基本通達９－２⑷】

（株式又は出資の価額が増加した場合）

９－２　同族会社（法人税法（昭和40年法律第34号）第２条第10号に規定する同族会社をいう。以下同じ。）の株式又は出資の価額が、例えば、次に掲げる場合に該当して増加したときにおいては、その株主又は社員が当

該株式又は出資の価額のうち増加した部分に相当する金額を、それぞれ次に掲げる者から贈与によって取得したものとして取り扱うものとする。この場合における贈与による財産の取得の時期は、財産の提供があった時、債務の免除があった時又は財産の譲渡があった時によるものとする。（昭57直資7－177改正、平15課資2－1改正）

(4)　会社に対し時価より著しく低い価額の対価で財産の譲渡をした場合当該財産の譲渡をした者

・買主法人（自己株式を除く）

　　時価より低い場合は、差額を受贈益課税（法法2②）これに関しては拙著『新版Q&A みなし贈与のすべて』（ロギカ書房）で詳細解説していますのでご参照ください。

②　高額譲渡：特に課税関係は生じる可能性は低いでしょう。

3　法人⇒個人間売買

①　低額譲渡

　　売主法人：低額譲渡なら寄附金（法法37）、給与（法法34）

　　買主個人：低額譲渡なら一時所得（所法34）、給与（所法28）

②　高額譲渡

　　特に課税関係が生じる可能性は低いでしょう。

Q2-16　高額譲渡

> 高額譲渡について本書で詳細解説しない理由を教えてください。

Answer

　下記です。

【解 説】

　高額譲渡については裁決、裁判例はほとんどありません。

　当局調査において、「高額」取引に関しては指摘してこないことがほとんどです。したがって本書では詳細解説は割愛しています。

　相続税法第9条「その他の利益の享受」について、

> 「対価を支払わないで…利益を受けた場合においては、当該利益を受けた時において、当該利益を受けた者が、当該利益を受けた時における当該利益の価額に相当する金額…を当該利益を受けさせた者から贈与…により取得したものとみなす」

と規定しています。したがって、高額譲渡の場合も、その高額部分について贈与税が課税されることになります。代表的なものとして競走馬の譲渡価額のうち正常価額を超える部分の金額は贈与に当たるとした裁決事例（昭59.8.23裁決・裁決事例集 No.28-281頁）があります。

　しかし、かなり特殊な事例であり、先例とは考えられません。もちろん今後も高額取引に関して一切の課税処分を受けない、という保証はありませんので、

・同族特殊関係者間取引であれば取引価格の客観性を証明できる資料を準備しておくこと
・当局調査においては金額の絶対値や他の指摘事項との兼ね合いによって変わってくること
・背景に明らかに経済的合理性＞節税目的ととらえることができる租税

　回避意図がないことを疎明できること
等々は必要です。

Q2-17　自己株式取得と株主間贈与

自己株式取得と株主間贈与の基本的な考え方を教えてください。

Answer

下記の通りです。

【解説】

※下記共通でグループ法人税制は考慮していません。

※厳密には税務仕訳上「みなし配当」の変動を考慮する点が多々あります。

パターン別株主間贈与

※以下共通ですが、グループ法人税制は考慮していません。

a　低額取得による個人⇒個人への株主間贈与

父（現オーナー）が、息子（後継者）により支配されている法人に対して、父から時価より安い金額で自己株式を取得した場合においては、息子の保有する株式の時価は増加します。

この場合、父から息子への株主間贈与が生じます。

b　低額取得による法人⇒個人への株主間贈与

所得税法上は課税関係は生じません。所得税法に特段の規定はないからです。

(参照)

【みなし贈与／関係会社から被相続人名義口座に振込まれた金員の帰属】

大阪地方裁判所平成22年（行ウ）第191号贈与税決定処分取消等請求事件

（棄却）（確定）平成24年6月1日判決（Z262−11963）

〔事案の概要〕

　本件は、原告らが、原告甲の配偶者であり、原告戊ら（乙・丙・丁・戊）の母であった亡（被相続人）の死亡により開始した相続に際し、相続税の申告をしたところ、茨木税務署長が、原告甲が被相続人から対価を支払わずに利益を得ており、当該利益の取得が相続税法9条が規定するいわゆるみなし贈与に該当するとして、原告甲に対し、当該利益の取得につき贈与税の決定処分等をするとともに、原告戊らに対し、上記被相続人から原告甲が得た利益の取得が相続開始前3年以内にされたものであるとして、相続税法19条1項に基づき当該利益の額を本件相続に係る相続税の課税価格に加算する必要があるなどとして、それぞれ相続税の各更正処分等をしたことから、原告らが本件各処分の取消しを求めた事案である。

〔当事者の主張〕
○納税者の主張

　相続税法9条は、同法5条から8条に規定するいわゆるみなし贈与課税のほかに、「対価を支払わないで、又は著しく低い価額の対価で利益を受けた場合」全てにおいて、贈与とみなすこととして、租税回避行為を防止するために設けられた税法上の概括規定である。

　しかしながら、課税法定主義及び課税要件明確主義の観点からは、このような不確定概念、概括規定の導入は、本来的には禁止されるべきであるから、同法9条を安易に適用することは許されない。以上の点に鑑みれば、同条の解釈適用に当たっては、課税庁は、問題の行為が、経済的・実質的に考察して、法が課税対象として予定しているところのものと同一実質のものと断定することができない限り、課税すべきではなく、納税者に有利な方向において合理的類推解釈が可能である限り、そのような解釈を採用すべきである。また、同条は、贈与と同様の実質を有する財産の取得について、課税の公平を保持するため、これを課税対象とすることとしたものであるから、このような趣旨に鑑みれば、形式的には経済的利益を受けているように見える

場合にも、実質的に経済的利益を受けていないのであれば、同条は適用されないというべきである。

○課税庁の主張

相続税法9条は、法律的には贈与により取得した財産ではなくても、その取得した事実によって実質的に贈与と同様の経済的効果が生ずる場合においては、税負担の公平の見地から、その取得した財産を贈与により取得したものとみなして、贈与税又は相続税を課税することとしたものであり、同条における「利益を受けた」とは、概ね利益を受けた者の財産の増加又は債務の減少があった場合等をいう〔相続税法基本通達（以下「基本通達」という。）9－1〕。

〔判断〕

相続税法9条は、法律的には贈与又は遺贈により取得した財産でなくとも、その取得した事実によって実質的にこれらと同様の経済的効果が生ずる場合においては、租税回避行為を防止するため、税負担の公平の見地から、その取得した財産を贈与又は遺贈により取得したものとみなして贈与税又は相続税を課税することとしたものである。同条の適用があるのは、対価を支払わないで又は著しく低い価額の対価で利益を受けた場合であるところ、この「利益を受けた場合」とは、概ね利益を受けた者の財産（積極財産）の増加又は債務（消極財産）の減少があった場合等をいうものと解される（基本通達9－1参照）。

認定事実によれば、被相続人については、平成13年1月28日にBの取締役を辞任した旨の登記がされているところ、同年3月16日に開催されたBの臨時株主総会議事録において、退任した取締役である被相続人に対し、退職金として3億7,500万円を支払う旨の決議がされており、これを受け、同月27日、当該3億7,500万円から所得税額を差し引いた3億1,089万円（本件振込金）が、被相続人名義の口座である被相続人名義口座1に振り込まれたこと、また、Bにおいては、上記臨時株主総会において決定された退職金につき、損益計算書の特別損益・特別損失に計上し、法人税の確定申告を行っ

ていることが認められ、以上の事実を総合すれば、本件振込金は、被相続人に対し退職金として支払われたものであり、被相続人に帰属する財産であると認めることができる。

　財産移転行為1は、被相続人の財産6,000万円（被相続人からCに対する貸付金の返済）をもって、原告甲のKに対する債務を同額分減少させる行為であり、これにより、原告甲は、被相続人から6,000万円分の利益を得たということができる。

　財産移転行為3は、被相続人名義口座2から、1億5,000万円を原告甲名義口座2に送金する行為であって、同口座の預金が原告甲に帰属する財産であることについて争いはなく、また、当該1億5,000万円は、原告甲の名でCに貸し付けられていることからしても、被相続人の財産を同額分減少させ、これに伴い原告甲の財産を同額分増加させる行為であるということができるから、原告甲は、財産移転行為3により、1億5,000万円分の利益を得たということができる。

　各財産移転行為（財産移転行為1～4）により、原告甲が利益を得たということができるところ、当該利益の取得について、原告甲から被相続人に対し、対価が支払われていないことに争いはない。したがって、各財産移転行為については、相続税法9条の「利益を受けた場合」に該当するということができる。

　以上からすれば、各財産移転行為について、いずれも相続税法9条が適用される。

　『「利益を受けた場合」とは、概ね利益を受けた者の財産（積極財産）の増加又は債務（消極財産）の減少があった場合等をいうものと解される』の典型的な事実認定です。各財産移転行為について利益を受けた場合に該当するかどうかのチェックが必要になります。

c　低額取得による法人⇒法人への株主間贈与

　法人税法上において課税関係は生じません。法人税法に特段の規定はな

いからです。

d　高額取得による個人⇒個人への株主間贈与

　下記のケースの場合、個人株主に贈与税が課税されます。

　個人株主がA社の株式を所有、このすべてを金庫株にしようとします。この場合、他の株主から当該個人株主に対する贈与と考えられます。ただし、実務上は「高額」取引についてはそれほど神経質になることはないでしょう。

e　高額取得による個人⇒法人への株主間贈与

　特段、課税上の問題は生じません。

　なお、遺贈があった場合、同族会社においては株式等の価額が増加した場合、増加した部分は、他の株主等にみなし遺贈が生じます（相法9、相基通9-2）。

f　高額取得による法人⇒法人への株主間贈与

　特段、課税上の問題は生じません。ただし、オウブンシャホールディングス事件のように発行法人を実質支配する法人につき、実質支配法人から発行法人への経済的利益移転が生じるという考え方もあるので、実務上は慎重に対応すべき点もあります。もっとも前述の理由で無視しても問題ありません。

Q2-18　自己株式の購入価額に係る適正価額とみなし配当に係る公表裁決

> 　自己株式の購入価額に係る適正価額とみなし配当に係る公表裁決について実務上のポイントは何か教えてください。

Answer

　下記になります。

【解 説】

【源泉徴収義務（みなし配当））　自己株式の購入価額は適正な価額であるから、資本等の金額のうち取得株式に対応する部分を超える部分については、みなし配当が生じるとした事例】（平21 − 03 − 03裁決）【裁決事例集第77集194頁】

〔ポイント〕

　請求人は、請求人が取得した自己株式の取得価額について、税法上の適正価額（時価）に比して高額であり、当該高額な部分は本件株式の取得の対価ではなく、請求人にとっては売主に対する寄附金であり、売主にとっては法人からの贈与であるから一時所得になり、みなし配当部分はないから、原処分庁の行った納税告知処分等は違法であると主張する。

　しかしながら、その自己株式の取得価額は、①第三者間における合意に基づく売買として成立したものであること、②平成16年当時の請求人の株式の純資産価額は、取得価額より若干低い程度であったこと及び③その自己株式の購入の約 1 か月前に関連会社から自己株式をおおむね同額で購入していることから、正常な取引に基づく時価、すなわち適正価額と認められ、当該高額な部分はなく請求人の主張は採用できない。

（実務上のポイント）

　配当可能利益の制限が会社法であります（会社法461）。違法配当になったとしても、それにより金銭等の交付を受けた者と違法配当に合意した取締役等に、会社に対する賠償責任を負わせているのみであり（会社法462）、自己株式の取得自体は有効のままとされています[31]。

（参照裁決）

> 法人税裁決
> ＦＯ－２－1047（低額譲渡による投資有価証券売却益の計上漏れ／取得条項付株式の適正な価額）
> 　本件譲渡株式は、売買実例もなく、また、公開途上にある株式にも該当しないから、仮に普通株式であったなら、財産評価基本通達の例により評価することができるとして、審判所が類似業種比準方式により普通株式の譲渡時における１株当たりの価額を試算した結果、譲渡対価の額と試算した値との開差は、さほど大きなものでないことから、本件譲渡対価は譲渡時における適正な価額に比して低額であるとは認められないとして処分が全て取り消された事例（令04－01－20裁決）
>
> 概要
>
> 〔裁決の要旨〕
> 1　本件は、審査請求人が、その保有する取得条項付株式の一部を、発行法人の定款に定められた算定式に基づき算出された金額で同法人に譲渡したことについて、原処分庁が、当該株式の譲渡の対価の額は適正な価額に比して低額であるから、当該譲渡の対価の額と適正な価額との差額が益金の額に算入されるなどとして、法人税等の更正処分等を行ったのに対し、請求人が、当該株式の譲渡の対価の額は適正な価額であるなどとして、原処

31　葉玉匡美「会社法であそぼ。」（ブログ）平成17年11月25日違法配当。

分の全部の取消しを求めた事案である。

2 本件更正通知書には、請求人が本件株式を譲渡した事実、譲渡株式の適正な価額を算出する前提となる事実、当該価額の算出過程、譲渡対価と当該価額との差額は投資有価証券売却益の計上漏れとして益金の額に算入される旨がそれぞれ記載されており、原処分庁の判断過程とその基礎とした事実関係が具体的に明示されている。本件法人税更正処分の理由附記に不備は認められない。

3 本件譲渡株式は、売買実例もなく、また、公開途上にある株式にも該当しないから、仮に普通株式であったなら、財産評価基本通達の例により評価することができることになる。そして、B社の確定申告書等によれば、B社は、財産評価基本通達178に定める「大会社」に該当するから、B社の普通株式は、一定の条件の下、原則として類似業種比準方式によって評価されることとなる。むろん、現実の個々の取引について無条件に類似業種比準方式によることが認められるわけではないが、一般的な取扱いに照らし、類似業種比準方式を基礎とすることには合理性があるということができるし、普通株式であったならばという仮定の下で類似業種比準方式を採用することが不合理であることをうかがわせる事情も見当たらない。

4 財産評価基本通達の定める類似業種比準方式に合理性がある一方で、取得条項付の議決権に制約のある株式の時価については、確立された評価方法があるわけではなく、議決権の制約や現金による取得条項が、普通株式の時価との関係で減価要因にもなるという見解もあることを考慮すれば、本件譲渡株式の本件譲渡時における1株当たりの価額が、B社の普通株式を前提とした試算値（審判所がB社の確定申告書等を基に、類似業種比準方式により、B社の普通株式の本件譲渡時における1株当たりの価額を試算）の約8倍に相当するという原処分庁の主張を認めることは、明らかに困難なことといわざるを得ない。

5 B社の普通株式に財産評価基本通達の定める類似業種比準方式を採用することには合理性があるから、本件譲渡時におけるB社の普通株式の1株当たりの時価が本件試算値を上回るとは認め難く、一方で、取得条項付の議決権に制約のある株式の時価については、確立された評価方法がある

わけではなく、議決権の制約や現金による取得条項が、普通株式の時価との関係で減価要因となるとの見解もある。そして、当審判所の調査及び審理に現れた全ての事情を斟酌しても、本件譲渡株式に関しては、譲渡時に不特定多数の当事者間で自由な取引が行われた場合には、①議決権の制限や取得条項にかかわらず、Ｂ社の普通株式に匹敵する価額が成立するのが通常であるとか、②議決権の制限や取得条項による減価が試算値と本件譲渡に係る１株当たりの譲渡対価の額との開差に及ばないのが通常であると認める根拠は見当たらない。

　　そうすると、結局、本件譲渡株式の譲渡時における適正な価額は、本件譲渡対価の額を上回るとは認められないことになる。

6　本件譲渡対価は、譲渡株式の譲渡時における適正な価額に比して低額であるとは認められないことから、譲渡差額が算出されるとしてされた本件各更正処分は違法であり、その全部を取り消すべきである。

本文

裁決書

（一部抜粋）

1　事実

　⑴　事案の概要

　　　本件は、審査請求人（以下「請求人」という。）が、その保有する取得条項付株式の一部を、発行法人の定款に定められた算定式に基づき算出された金額で同法人に譲渡したことについて、原処分庁が、当該株式の譲渡の対価の額は適正な価額に比して低額であるから、当該譲渡の対価の額と適正な価額との差額が益金の額に算入されるなどとして、法人税等の更正処分等を行ったのに対し、請求人が、当該株式の譲渡の対価の額は適正な価額であるなどとして、原処分の全部の取消しを求めた事案である。

　　　～中略～

　⑶　基礎事実

当審判所の調査及び審理の結果によれば、以下の事実が認められる。

イ　請求人及びその関係会社について

(イ)　請求人は、株式・社債等の有価証券への投資、保有、運用等を営む内国法人である。

(ロ)　■■■■■■■■■■■■は、■■■ブランドの運営を行う企業グループの株式保有及び同ブランドの企画、販売、卸売業等を営む内国法人であり、■■■■■■■■■■■■■■■■■■■■■■に普通株式を上場していた。

(ハ)　■■■■■■■■（以下「■■■■」という。）は、株式・社債等、有価証券への投資、保有、運用等を営む内国法人である。

ロ　■■■■による■■■■■■■■■■■の普通株式の取得について

(イ)　■■■■は、■■■■■■■、■■■■■■■■■■の発行済みの普通株式の全てを取得し当該株式を非公開化することを目的として、当該株式を1株につき■■■■で公開買付け（以下「本件公開買付け」という。）をすることを公表した。

(ロ)　■■■■は、■■■■■■■から■■■■■■■■までの期間に本件公開買付けを行い、■■■■■■■■■の普通株式■■■■■■（議決権割合■■■■）を取得した。また、当該株式は、■■■■■■■■に上場廃止となった。

ハ　■■■■による増資（新株発行）について

(イ)　■■■■は、■■■■■■■、取締役会決定及び臨時株主総会決議により、同月20日を払込期日として、新たに普通株式と称する株式（譲渡制限株式に該当するものであり、以下「本件株式」という。）1,980株、A種種類株式（以下「本件A種株式」という。）60,000株及びB種種類株式（以下「本件B種株式」という。）150,000株をいずれも1株につき■■■■で発行することを決定した。

　　また、■■■■は、■■■■■■■■、本件A種株式■■■■について、請求人を引受人、払込金額を1株当たり■■■■とする旨の募集株式総数引受契約書を請求人との間で取り交わした。

(ロ)　■■■■は、■■■■■■■、定款（以下「本件定款」という。）

を要旨次のとおりに変更した。

A　第5条（発行可能株式総数及び発行可能種類株式総数）

　　■■■■の発行可能株式総数は848,000株（そのうち、本件株式の発行可能種類株式総数は8,000株、本件A種株式の発行可能種類株式総数は240,000株、本件B種株式の発行可能種類株式総数は600,000株）とする。

B　第6条の2（単元株式数）

　　■■■■の単元株式数は、本件株式につき1株、本件A種株式につき30株、本件B種株式につき1株とする。

C　第7条（株式の譲渡制限）

　　■■■■の発行する株式は、全て譲渡制限株式とし、これを譲渡により取得するには、■■■■の株主総会の承認を受けなければならない。

D　第9条の3（金銭を対価とする取得条項）

　(A)　■■■■は、■■■■■■■■以降、■■■■が株主総会の決議で別に定める日（取得日）が到来することをもって、法令に反しない範囲で、金銭の交付と引換えに、本件A種株式の全部又は一部を取得することができる（以下、本件定款第9条の3に基づく取得条項を「本件取得条項」という。）（第1項）。

　(B)　■■■■は、本件A種株式1株につき、取得日において次の計算式（以下「本件算定式」という。）により算出される取得価額に相当する金額の金銭を支払う（第2項）。

　　a　取得価額＝■■■■（以下「本件基準価額」という。）×純資産変動割合

　　b　純資産変動割合とは、取得日純資産額を基準日純資産額で除して得られた数値（ただし、負の数値となった場合は零とする。）をいう。

　　c　取得日純資産額とは、取得日における■■■■の最終事業年度に関して作成された貸借対照表等に記載された純資産の部の合計額等に調整を加えた金額をいう。

d　基準日純資産額とは、[redacted]（以下「本件基準日」という。）の属する[redacted]の事業年度に関して作成された貸借対照表等に記載された純資産の部の合計額等に調整を加えた金額をいう。

E　第9条の4（議決権）

A種種類株主（以下「本件A種株主」という。）は、[redacted]の株主総会及び本件A種株主を構成員とする種類株主総会において、1単元につき1個の議決権を有する。

ただし、本件A種株主は、[redacted]の株主総会において、本件A種株式の単元株式数についての定款の変更に関する決議事項につき議決権を有しない。

(ハ)　請求人は、[redacted]、上記(イ)の契約に基づき、[redacted]に対して[redacted]を払い込んで本件A種株式[redacted]を取得した。

(ニ)　[redacted]は、[redacted]、上記(イ)のとおり増資（新株発行）を行った結果、本件株式の発行済株式数は2,000株、本件A種株式の発行済株式数は60,000株になった。

ニ　[redacted]による[redacted]の吸収合併について

[redacted]は、[redacted]、自己を合併法人、[redacted]を被合併法人とする吸収合併を行い、商号を[redacted]に変更した（以下、商号変更後の[redacted]を「[redacted]」、被合併法人の[redacted]を「[redacted]」、[redacted]の株式を「[redacted]」という。）。

なお、[redacted]は、上記の合併により消滅した。

ホ　[redacted]による本件A種株式の取得について

(イ)　[redacted]は、[redacted]、臨時株主総会において、本件取得条項の定めに基づき、同月30日を取得日として、請求人から本件A種株式[redacted]を取得することを決定した。

また、[redacted]は、本件算定式の計算の基礎となる取得日純資産額を[redacted]（以下「本件取得日純資産額」という。）、基

準日純資産額を■■■■■■■■（以下「本件基準日純資産額」という。）と算出した。

(ロ)　請求人は、■■■■■■■■、上記(イ)の決定に従い、■■■■■■■に対して、本件算定式に基づき算出された■■■■を１株当たりの譲渡対価の額として、本件 A 種株式■■■■を合計■■■■■■■で譲渡した（以下、当該譲渡を「本件譲渡」、本件譲渡に係る本件 A 種株式を「本件譲渡株式」、本件譲渡に係る譲渡対価の合計額■■■■■■■を「本件譲渡対価」という。）。

　　なお、請求人は、本件譲渡対価を受取配当金として計上するとともに、本件譲渡に係る原価の額■■■■■■■を有価証券売却損として計上した。

　　〜中略〜

4　当審判所の判断

　〜中略〜

(2)　争点２（本件譲渡対価は、本件譲渡株式の本件譲渡時における価額に比して低額であり、本件譲渡差額を益金の額に算入すべきか否か。）について

　〜中略〜

ロ　本件譲渡株式に係る評価方法について

　　そこで、まず、本件譲渡株式に係る評価方法について検討する。

　　上記１の(3)のハの(ロ)の B、D 及び E のとおり、本件譲渡株式は、■■■■（■■■■■■）が発行した取得条項付の議決権に制約のある株式であるところ、原処分関係資料並びに当審判所の調査及び審理の結果によれば、■■■■■の株式は上場されておらず、気配相場もなく、また、売買実例のある株式又は公開途上にある株式でもないことが認められる。

　　もとより、法人税法には、このような株式の評価方法についての規定がない。また、会計実務ないし会計慣行上も、このような株式についての合理的な評価方法が確立していることは、本件の審理に現れた全ての事情によってもうかがわれない。ただし、当審判所の調査の結果によれ

ば、日本公認会計士協会が公表した「種類株式の評価事例」（経営研究
調査会研究報告第53号・平成25年11月 6 日）と題する報告書は、実務の
参考となるように、比較的よく使われている権利を付した種類株式の評
価例についてまとめたものであるところ、同報告書では、①種類株式の
評価に関する基本的な考え方の一つとして、定款に権利内容について特
段の定めのない株式（いわゆる普通株式）の評価を基礎として、付加さ
れている権利を勘案することにより決定する方法を紹介していること、
また、②無議決権（議決権制限付）株式は、議決権に制限のない普通株
式に比較して価値が減少していると考えられることや、現金での取得条
項付株式の価値評価に与える影響はマイナスと考えられることが記され
ており、後者の理由として、株式価値が上昇した際にあらかじめ定めら
れた金額で現金化され、将来価額が上昇した場合に権利行使をすること
によって得られるであろう利益を放棄しなければならないリスクがある
といった考え方を示していることが、それぞれ認められる。

ハ　本件譲渡株式の価額について

　以上を踏まえ、本件譲渡株式の価額について検討する。

（イ）　原処分庁の主張する価額について

　A　根拠について

　　上記 1 の(3)のハの(ロ)の D 及びホのとおり、本件譲渡株式を■■
■■■■が取得する際の価格は、本件算定式によって算出されるこ
とが定款上定められており、本件譲渡株式は、本件算定式により算
出された価格によって■■■■■■■が取得したものであるところ、
原処分庁は、上記 3 の(2)の「原処分庁」欄のとおり、要旨、①本件
算定式に係る被乗数である本件基準価額は、■■■■の子会社株式
であった■■■■■■■■について純資産額を基に評価したもので
はない旨、②本件算定式の趣旨は、発行以後変動する本件 A 種株
式の時価を算定するものと認められるが、当該時価変動の測定始期
の純資産額の算定基準と、当該時価変動の測定の基礎となる被乗数
の算定基準が統一されていないのは不合理であるから是正する必要
がある旨、③本件算定式における被乗数は、■■■■■■■■を非

上場株式として評価した上で算出された本件基準日純資産額を本件
基準日における本件株式及び本件Ａ種株式の発行済株式数の合計
である62,000株で除して算出される■■■■■とするのが合理的で
ある旨主張する。

　しかしながら、上記主張は、上記①及び②において本件算定式の
不合理性を主張して、上記③のとおり適正な価額を認定できる旨を
主張するにとどまり、上記③の算定方法によって算出される金額が
適正な価額に当たるとする根拠が明確でない。また、上記③の算定
方法は、■■■■あるいは■■■■■■の純資産価額を基礎とする
評価方法と解する余地はあるが、この方法を採用することの合理性
についても、■■■■■■■が非上場株式であったことのほか、
特段の根拠が示されていない。

B　評価方法について

　そこで、その合理性について検討すると、次のとおり、法人税法
第61条の２第１項第１号に関する一般的な取扱いからすれば、■■
■■■■■が非上場株式であったとしても、直ちに純資産価額を
基礎とすることが合理的であるとはいえない。

　すなわち、法人税基本通達（平成30年５月30日付課法２−８ほか
による改正前のもの。以下同じ。）２−３−４《低廉譲渡等の場合
の譲渡に係る対価の額》は、法人税法第61条の２第１項第１号に規
定する譲渡に係る対価の額の算定に当たって、同通達４−１−４
《上場有価証券等の価額》並びに４−１−５《上場有価証券等以外
の株式の価額》及び４−１−６《上場有価証券等以外の株式の価額
の特例》の取扱いを準用する旨定め、同通達４−１−６は、法人
が、上場有価証券等以外の株式で、同通達４−１−５の(1)及び(2)に
該当しないもの、すなわち売買実例のある株式及び公開途上にある
一定の株式に該当しない株式について評価する場合、財産評価基本
通達（昭和39年４月25日付直資56ほか。ただし、平成29年４月27日
付課評２−12ほかによる改正前のもの。以下同じ。）の178《取引相
場のない株式の評価上の区分》から189−７《株式の割当てを受け

る権利等の発生している特定の評価会社の株式の価額の修正》まで《取引相場のない株式の評価》の例によって算定した価額によっているときは、課税上弊害がない限り、一定の条件の下でこれを認める旨定めている。そして、その株式の発行会社が財産評価基本通達178に定める「大会社」に該当する場合には、原則として、その株式の価額は、純資産価額を基礎とする方法ではなく、同通達179《取引相場のない株式の評価の原則》により、いわゆる類似業種比準方式によって評価される。

　この類似業種比準方式とは、評価会社（評価しようとする株式の発行会社をいう。以下同じ。）と事業の種類が類似する上場会社の株価に比準して株式の価額を求めるものであり、具体的には、株価構成要素のうち基本的かつ直接的なもので計数化が可能な1株当たりの配当金額、年利益金額及び純資産価額の3要素につき、評価会社のそれらと、当該会社と事業内容が類似する業種目に属する上場会社のそれらの平均値とを比較の上、上場会社の株価の平均値に比準して評価会社の1株当たりの価額を算定するというものである。この方式を大会社の取引相場のない株式の原則的評価方法とした趣旨は、大会社が上場株式や気配相場等のある株式の発行会社に匹敵するような規模の会社であって、その株式が通常取引されるとすれば上場株式や気配相場等のある株式の取引価格に準じた価額が付されることが想定されることから、現実に流通市場において価格形成が行われている株式の価額に比準して評価することが合理的であることによるものと解され、取引相場のない株式につき実情等を踏まえたものとして一般的な合理性を有するものと認められる。

　こうした一般的な取扱いを本件譲渡株式についてみてみると、上記ロのとおり、本件譲渡株式は、売買実例もなく、また、公開途上にある株式にも該当しないから、仮に普通株式であったなら、財産評価基本通達の例により評価することができることになる。そして、■■■■■の確定申告書等によれば、■■■■■は、財産評価基本通達178に定める「大会社」に該当するから、■■■■■

■の普通株式は、一定の条件の下、原則として類似業種比準方式によって評価されることとなる。むろん、現実の個々の取引について無条件に類似業種比準方式によることが認められるわけではないが、上記一般的な取扱いに照らし、類似業種比準方式を基礎とすることには合理性があるということができるし、普通株式であったならばという仮定の下で類似業種比準方式を採用することが不合理であることをうかがわせる事情も見当たらない。

　一方、原処分庁は、上記一般的な取扱いが本件譲渡株式の価額の算定に具体的にどのように適用されるのか主張しない。また、上記Aのとおり、本件譲渡株式に純資産価額を基礎とする評価方法を採用することの合理性について、特段の根拠を示していないこと、本件譲渡株式に関しては、議決権の制約や現金による取得条項が付されていることを考慮すれば、純資産価額を基礎とする方法に必ずしも合理性があるとはいえない。

C　価額について

　実際に、当審判所において、■■■■■の確定申告書等を基に、財産評価基本通達180《類似業種比準価額》に定める類似業種比準方式の例により、■■■■■の普通株式の本件譲渡時における1株当たりの価額を試算すると、下記［計算式］のとおり■■■■（以下「本件試算値」という。）となる。

［計算式］

　類似業種（卸売業）の株価199円×〔評価会社の1株当たりの純資産価額（帳簿価額によって計算した金額）■■■／課税時期に属する年の類似業種の1株当たりの純資産価額（帳簿価額によって計算した金額）■■■／5〕×0.7×（1株当たりの資本金等の額■■■■■／50円）

　原処分庁が上記3の(2)の「原処分庁」欄で主張する本件譲渡株式の本件譲渡時における1株当たりの価額■■■■■は、■■■■■の普通株式を前提とした本件試算値（■■■■）の約8倍に相当する。上記Bのとおり、財産評価基本通達の定める類似業種比

準方式に合理性がある一方で、上記ロのとおり、取得条項付の議決権に制約のある株式の時価については、確立された評価方法があるわけではなく、議決権の制約や現金による取得条項が、普通株式の時価との関係で減価要因にもなるという見解もあることを考慮すれば、本件譲渡株式の本件譲渡時における1株当たりの価額が、■■■■■■の普通株式を前提とした本件試算値の約8倍に相当するという原処分庁の主張を認めることは、明らかに困難なことといわざるを得ない。

(ロ)　請求人の主張する価額について

A　根拠及び評価方法について

　一方、請求人は、上記3の(2)の「請求人」欄のイのとおり、本件譲渡株式に本件取得条項が付されていることを前提に本件譲渡時における価額を検討すると、不特定多数の当事者間で本件譲渡株式に係る取引が行われる場合、当事者は本件算定式に基づき算出される金額を超える価額で取引を行うことは合理的に考えてあり得ないから、本件算定式に基づき算出される金額、すなわち本件譲渡対価が「適正な価額」に当たると主張する。

　確かに、取得条項付株式は、発行会社が株主の同意なしに一定の事由が生じたことを条件として取得することが可能な株式であることから、その発行に際しては、あらかじめ取得対価等一定の事項を定款で定める必要があるほか、取得対価が金銭の場合は、その額又は算定方法を定款で定める必要があること（会社法第107条《株式の内容についての特別の定め》第2項第3号、同法第108条《異なる種類の株式》第2項第6号）から、本件譲渡株式を■■■■■■が取得する際の価格は、必ず本件算定式によって算出されることにはなる。しかしながら、取得条項付株式はそもそも特定の当事者間又は特定の事情の下で取引されることを前提とするものであるから、そのような取引における株式の取引価格、つまり、本件における本件算定式に基づき算出される金額が、常に当然に、不特定多数の当事者間における自由な取引において通常成立すると認められる

価額に当たるものとまではいえない。そして、そうである以上、本件算定式による評価が当然に合理的な評価方法であるともいえない。

B　価額について

　もっとも、上記1の(3)のホの(ロ)のとおり、本件において本件算定式に基づき現に算出された本件譲渡に係る譲渡対価の額は、1株当たり■■■■である。

　この金額と本件試算値（■■■■■）との開差は、さほど大きなものとはいえない。また、上記(イ)のBのとおり、■■■■■■の普通株式に財産評価基本通達の定める類似業種比準方式を採用することには合理性があるから、本件譲渡時における■■■■■■の普通株式の1株当たりの時価が本件試算値を上回るとは認め難く、一方で、上記ロのとおり、取得条項付の議決権に制約のある株式の時価については、確立された評価方法があるわけではなく、議決権の制約や現金による取得条項が、普通株式の時価との関係で減価要因となるとの見解もある。そして、当審判所の調査及び審理に現れた全ての事情を斟酌しても、本件譲渡株式に関しては、本件譲渡時に不特定多数の当事者間で自由な取引が行われた場合には、①議決権の制限や取得条項にかかわらず、■■■■■の普通株式に匹敵する価額が成立するのが通常であるとか、②議決権の制限や取得条項による減価が本件試算値と本件譲渡に係る1株当たりの譲渡対価の額との開差に及ばないのが通常であると認める根拠は見当たらない。

　そうすると、結局、本件譲渡株式の本件譲渡時における適正な価額は、本件譲渡対価の額を上回るとは認められないことになる。

(ハ)　小括

　上記(ロ)のBのとおり、本件譲渡時における■■■■■の普通株式の1株当たりの時価は、本件試算値を上回るとは認め難く、本件試算値との比較を踏まえても本件譲渡株式の本件譲渡時における1株当たりの適正な価額が本件譲渡に係る1株当たりの譲渡対価の額を上回

　るとは認められない。したがって、本件譲渡対価は、本件譲渡株式の本件譲渡時における適正な価額に比して低額であるとはいえず、本件譲渡差額を益金の額に算入すべきとは認められない。

第**3**章

自己株式取得、消却、処分等々に係る考え方と計算事例

（1）　取得

Q3-1 自己株式又は出資取得とみなし配当

自己株式又は出資取得とみなし配当について教えてください。

Answer

自己株式又は出資取得（所法25①五、法法24①五）については、下記の取扱いが原則です。

【解 説】

実務上、頻繁に生じます。常に考慮対象となります。

会社法は自己株式取得を純資産のマイナスとして処理することを要請しています。自己株式の取得は、実質的に資本の部の払戻しと同様の経済的効果となります。

租税法は、取得価額のうち1株当たりの資本金等の額を超える部分の金額は利益積立金の払戻しとして、譲渡した株主に対するみなし配当を認識します。

この点、会計と租税法との関係において下記の相違があります。自己株式を取得した場合には、会計では取得原価で純資産から控除する方法で表示します。租税法は、みなし配当金額を控除した残額について、直接、資本金等の額と相殺消去します。したがって、税会不一致は必ず生じます。

なお、政令で定められている自己株式の取得については、上記みなし配当課税の対象から除外されます。

Q3-2 個人が法人に対して非上場株式を譲渡した場合の課税関係〜資産税審理研修資料〜

> 　質疑応答事例0363Ⅲ 個人が法人に対して非上場株式を譲渡した場合の課税関係について（東京国税局課税第一部 資産課税課 資産評価官（平成23年12月作成）「資産税審理研修資料」）について教えてください。

Answer

　下記はTAINZデータベース（TAINZコード　所得事例700363）からの抜粋となります。当局の基本的な考え方を示しています。

【解 説】

> 質疑応答事例0363Ⅲ 個人が法人に対して非上場株式を譲渡した場合の課税関係について
> 東京国税局課税第一部 資産課税課 資産評価官（平成23年12月作成）「資産税審理研修資料」【情報公開法第9条第1項による開示情報】
>
> 〔概要〕
> Ⅲ　個人が法人に対して非上場株式を譲渡した場合の課税関係について
> 　1　はじめに
> 　　株式を譲渡した場合の所得は、措法37条の10第1項及び第2項の規定により、上場株式であるか非上場株式であるかを問わず申告分離課税の対象となるところ、株式の譲渡に当たって課税上問題となるのは、上場株式の譲渡の場合にあっては、軽減税率の適用又は譲渡損失が生じた場合の損益通算及び繰越控除等の租税特別措置法の適用に関するものが主なものであるが、非上場株式の譲渡の場合にあっては、主に時価で取引されているかどうかが問題となってくる。

　　すなわち、市場性がない非上場株式の譲渡においては、取引をする当事者の合意によって譲渡価額が決定されることから、その譲渡価額によっては、譲受人が法人の場合にはみなし譲渡課税が生じることとなる。

　　そこで、本稿では、非上場株式を法人に対して譲渡した場合における課税関係及び通達における時価の定めについて整理した。

〈以下本文に収録〉

〔本文〕

Ⅲ　個人が法人に対して非上場株式を譲渡した場合の課税関係について

　2　個人が法人に非上場株式を譲渡した場合の取扱いについて

　　⑴　所法59条の規定によるみなし譲渡について

　　　　個人が法人に対して株式を譲渡した場合、通常はその譲渡価額が株式等の譲渡所得等の収入金額となるが、個人が法人に対して株式を贈与（無償譲渡）した場合には、所法59条1項1号の規定により、譲渡

　した時に、その時における価額（時価）により株式を譲渡したものとみなされることとなり、株式等の譲渡所得等の収入金額は、その株式の譲渡の時における価額となる。

　同様に、個人が法人に対して時価の2分の1に満たない金額で株式を譲渡した場合にも、所法59条1項2号及び所令169条の規定により、株式を譲渡した時に、その時における価額（時価）により譲渡したものとみなされることとなり、株式等の譲渡所得等の収入金額は、その株式の譲渡の時における価額となる。

所法59条《贈与等の場合の譲渡所得等の特例》

　次に掲げる事由により居住者の有する山林（事業所得の基因となるものを除く。）又は譲渡所得の基因となる資産の移転があった場合には、その者の山林所得の金額、譲渡所得の金額又は雑所得の金額の計算については、その事由が生じた時に、その時における価額に相当する金額により、これらの資産の譲渡があったものとみなす。
一　贈与（法人に対するものに限る。）（省略）
二　著しく低い価額の対価として政令で定める額による譲渡（法人に対するものに限る。）

所令169《時価による譲渡とみなす低額譲渡の範囲》

　法第59条第1項第2号に規定する政令で定める額は、同項に規定する山林又は譲渡所得の基因となる資産の譲渡の時における価額の2分の1に満たない金額とする。

　したがって、個人が法人に対して株式を譲渡した場合には、所法59条の規定の適用の有無を判断しなければならないことから、譲渡の時における価額（時価）がいくらになるのかは、重要なところである。

　なお、みなし譲渡を課税する趣旨は、個人と法人との間で資産の贈与があった場合に、個人間の贈与と同様に取得価額を引き継いだ場合には、個人に帰属すべき譲渡所得を法人の所得として課税することな

り不合理であると考えられたからである。

　　また、「譲渡時の時価の2分の1に満たない金額による譲渡」をみ
なし譲渡課税の適用対象としたのは、「贈与」についてのみこの特例
の適用対象とすると、形ばかりの譲渡価額で資産を移転させてこの特
例の適用を回避しようとする動きが出てくることになるため、これら
の行為をした者としない者との権衡を図るためである。

(2)　所法59条の規定における「その時における価額」について

　　所法59条の規定の適用に当たっての「その時における価額」につい
ては、神戸地裁昭和59年4月25日判決において、「所得税法59条にい
う「その譲渡の時における価額」とは、当該譲渡の時における時価、
すなわち、・・・客観的交換価格である」と判示されており、所基通59
－6においても、次のように定められている。

所基通59－6《株式等を贈与等した場合の「その時における価額」》(抜
粋)

　　法第59条第1項の規定の適用に当たって、譲渡所得の基因となる資
産が株式(株主又は投資主となる権利、株式の割当てを受ける権利、
新株予約権及び新株予約権の割当てを受ける権利を含む。以下この項
において同じ。)である場合の同項に規定する「その時における価額」
とは、<u>23～35共－9に準じて算定した価額による。</u>
(省略)

　　つまり、所法59条に規定する「その時における価額」とは、まず、所
基通23～35共－9を基礎として算定することとなる。

所基通23～35共－9《株式等を取得する権利の価額》

　　令第84条第1号から第4号までに掲げる権利の行使の日又は同条第
5号に掲げる権利に基づく払込み又は給付の期日(払込み又は給付の
期間の定めがある場合には、当該払込み又は給付をした日。以下この
項において「権利行使日等」という。)における同条本文の株式の価

額は、次に掲げる場合に応じ、それぞれ次による。

⑴　これらの権利の行使により取得する株式が金融商品取引所に上場
　されている場合

　　当該株式につき金融商品取引法第130条《総取引高、価格等の通
　知等》の規定により公表された最終の価格（同条の規定により公表
　された最終の価格がない場合は公表された最終の気配相場の価格と
　し、同日に最終の価格又は最終の気配相場の価格のいずれもない場
　合には、同日前の同日に最も近い日における最終の価格又は最終の
　気配相場の価格とする。）による。なお、２以上の金融商品取引所
　に同一の区分に属する価格があるときは、当該価格が最も高い金融
　商品取引所の価格とする。

⑵　これらの権利の行使により取得する新株（当該権利の行使があっ
　たことにより発行された株式をいう。以下この⑵及び⑶において同
　じ。）に係る旧株が金融商品取引所に上場されている場合におい
　て、当該新株が上場されていないとき

　　当該旧株の最終の価格を基準として当該新株につき合理的に計算
　した価額とする。

⑶　⑴の株式及び⑵の新株に係る旧株が金融商品取引所に上場されて
　いない場合において、当該株式又は当該旧株につき気配相場の価格
　があるとき

　　⑴又は⑵の最終の価格を気配相場の価格と読み替えて⑴又は⑵に
　より求めた価額とする。

⑷　⑴から⑶までに掲げる場合以外の場合

　　次に掲げる区分に応じ、それぞれ次に掲げる価額とする。

　イ　売買実例のあるもの

　　　最近において売買の行われたもののうち適正と認められる価額

　ロ　省略

　ハ　売買実例のないものでその株式の発行法人と事業の種類、規
　　模、収益の状況等が類似する他の法人の株式の価額があるもの当
　　該価額に比準して推定した価額

> 　ニ　イからハまでに該当しないもの
> 　　権利行使日等又は権利行使日等に最も近い日におけるその株式の発行法人の1株又は1口当たりの純資産価額等を参酌して通常取引されると認められる価額
> （注）省略

　上記に記載のとおり、所基通23〜35共－9⑴ないし⑶は、上場株式等について定めており、同項⑷は、非上場株式について定めているが、非上場株式については、売買実例がないものが多く、また、事業の種類等が類似する他の会社の株式の価額を把握することは困難なことから、一般的には、同⑷ニに定められている1株当たりの純資産価額等を参酌して通常取引されると認められる価額で算定せざるを得ない場合が多いようである。そこで、「1株当たりの純資産価額等を参酌して通常取引されると認められる価額」とは、所基通59－6において、下記のとおり、一定の条件の下、財産評価基本通達によって算定した価額とする旨定めている。

> 所基通59－6《株式等を贈与等した場合の「その時における価額」》（抜粋）
> 　（省略）
> 　この場合、23〜35共－9の⑷ニに定める「1株又は1口当たりの純資産価額等を参酌して通常取引されると認められる価額」とは、原則として、次によることを条件に、昭和39年4月25日付直資56・直審（資）17「財産評価基本通達」（法令解釈通達）の178から189－7まで《取引相場のない株式の評価》の例により算定した価額とする。
> ⑴　財産評価基本通達188の⑴に定める「同族株主」に該当するかどうかは、株式を譲渡又は贈与した個人の当該譲渡又は贈与直前の議決権の数により判定すること。
> ⑵　当該株式の価額につき財産評価基本通達179の例により算定する場合

　　　（同通達189－3の(1)において同通達179に準じて算定する場合を
　　　含む。）において、株式を譲渡又は贈与した個人が当該株式の発行
　　　会社にとって同通達188の(2)に定める「中心的な同族株主」に該当
　　　するときは、当該発行会社は常に同通達178に定める「小会社」に
　　　該当するものとしてその例によること。
(3)　当該株式の発行会社が土地（土地の上に存する権利を含む。）又
　　　は金融商品取引所に上場されている有価証券を有しているときは、
　　　財産評価基本通達185の本文に定める「1株当たりの純資産価額
　　　（相続税評価額によって計算した金額)」の計算に当たり、これらの
　　　資産については、当該譲渡又は贈与の時における価額によること。
(4)　財産評価基本通達185の本文に定める「1株当たりの純資産価額
　　　（相続税評価額によって計算した金額)」の計算に当たり、同通達
　　　186－2により計算した評価差額に対する法人税額等に相当する金
　　　額は控除しないこと。

(3)　所基通59－6に定める「財産評価基本通達の例により算定した価
　　額」について
　　　所基通59－6は、一定の条件の下、所法59条に規定する「その時
　　における価額」、すなわち時価を、財産評価基本通達の178から189
　　－7までの例により算定した価額とする旨定めている。
　　　したがって、譲渡者の議決権数、その会社の規模、資産状況等に
　　よって財産評価基本通達に定める類似業種比準方式、類似業種比準
　　方式及び純資産価額方式との併用方式、純資産価額方式、配当還元
　　方式等によって評価した価額が時価ということになる。
　　　ただし、財産評価基本通達によって算定する場合には、①株主区
　　分の判定は、譲渡直前の議決権数により判定することとなること、
　　②譲渡直前の議決権数により判定した結果、譲渡人が中心的な同族
　　株主に該当する場合には、小会社に該当するものとして計算するこ
　　と、③純資産価額方式で評価する場合には評価差額に対する法人税
　　額等に相当する金額は控除しないことに留意しなければならない。

財産評価基本通達

　178（省略）

　179《取引相場のない株式の評価の原則》

　180《類似業種比準価額》

　181～184（省略）

　185《純資産価額》

　186～187（省略）

　188《同族株主以外の株主等が取得した株式》

　188-2～188-6（省略）

　189《特定の評価会社の株式》

　189-2～189-7（省略）

---

(4)　所基通59-6の定めを適用する場合の留意点

　　　以上のことから、所基通59-6は、所法59条の規定を適用する場合における「その時における価額」を、一定の条件の下、財産評価基本通達により算定した価額とする旨定めているが、例えば、純然たる第三者間において種々の経済性を考慮して決定された価額で取引されたと認められた場合など、この取扱いを形式的に当てはめて判定することが相当でない場合もあることに留意する必要がある。

3　個人が発行法人に非上場株式を譲渡した場合の取扱いについて

　　個人が非上場株式を法人に譲渡した場合の取扱いについては、上記2のとおりであるが、譲受人が非上場株式の発行法人であった場合には、さらに別の課税上の取扱いに留意する必要がある。

　　具体的には、所法25条、措法37条の10、措法9条の7及び相法9条の規定の適用に係るものであり、以下これらの規定の適用について記載することとする。

(1)　所法25条《配当等とみなす金額》の規定の適用について

　　　配当所得とは、法人（法法2条6号に規定する公益法人等及び人格のない社団等を除く。）から受ける剰余金の配当、利益の配当、剰余

金の分配等に係る所得をいうところ、一般的には、これらの剰余金の配当、利益の配当、剰余金の分配等とはいわないものの、法人が留保していた利益に相当する資産が一定の事由によって株主等に帰属したときには、みなし配当として剰余金の配当等と同様に課税されることとなる。そして、この一定の事由には、法人の自己の株式又は出資の取得（注）（以下「自己株式等の取得」という。）が含まれていることから、株主等が自己株式等の取得により金銭その他の資産の交付を受けた場合においては、その金銭の額及び金銭以外の資産の価額の合計額が、当該法人の法法2条16号に規定する資本金等の額又は同条17号の2に規定する連結個別資本金等の額のうちその交付の基因となった当該法人の株式又は出資に対応する部分の金額を超えるときは、その超える部分の金額に係る金銭その他の資産は、剰余金の配当等とみなされ、配当所得に該当することとなる。

（注）　上記の自己株式等の取得からは、次に掲げる事由による取得は除かれている（所法25、所令61）。

1　金融商品取引法2条16項に規定する金融商品取引所の開設する市場（同条8項3号ロに規定する外国金融商品市場を含む。）における購入
2　店頭売買登録銘柄（株式（出資及び投資信託及び投資法人に関する法律2条14項に規定する投資口を含む。以下同じ。）で、金融商品取引法2条13項に規定する認可金融商品取引業協会が、その定める規則に従い、その店頭売買につき、その売買価格を発表し、かつ、当該株式の発行法人に関する資料を公開するものとして登録したものをいう。）として登録された株式のその店頭売買による購入
3　金融商品取引法2条8項に規定する金融商品取引業のうち同項10号に掲げる行為（いわゆる私設取引システム（PTS）を行う者が同号の有価証券の売買の媒介、取次ぎ又は代理をする場合におけるその売買（同号ニに掲げる方法により売買価格が決定されるものを除く。）
4　事業の全部の譲受け
5　合併又は分割若しくは現物出資（適格分割若しくは適格現物出資又

は事業を移転し、かつ、当該事業に係る資産に当該分割若しくは現物出資に係る分割承継法人若しくは被現物出資法人の株式が含まれている場合の当該分割若しくは現物出資に限る。）による被合併法人又は分割法人若しくは現物出資法人からの移転

6　適格分社型分割（法法2条12号の11に規定する分割承継親法人株式が交付されるものに限る。）による分割承継法人からの交付

7　所法57条の4第1項《株式交換等に係る譲渡所得等の特例》に規定する株式交換（同項に規定する政令で定める関係がある法人の株式が交付されるものに限る。）による同項に規定する株式交換完全親法人からの交付

8　合併に反対する当該合併に係る被合併法人の株主等の買取請求に基づく買取り

9　会社法192条1項《単元未満株式の買取りの請求》又は234条4項《一に満たない端数の処理》（同法第235条2項《一に満たない端数の処理》又は他の法律において準用する場合を含む。）の規定による買取り

10　所法57条の4第3項3号に規定する全部取得条項付種類株式に係る同号に定める取得決議（当該取得決議に係る取得の価格の決定の申立てをした者でその申立てをしないとしたならば当該取得の対価として交付されることとなる当該取得をする法人の株式の数が一に満たない端数となるものからの取得（同項に規定する場合に該当する場合における当該取得に限る。）に係る部分に限る。）

11　所令167条の7第7項《株式交換等による取得株式等の取得価額の計算等》に規定する一株に満たない端数に相当する部分の対価としての金銭の交付

12　取得請求権付株式（法人がその発行する全部又は一部の株式の内容として株主等が当該法人に対して当該株式の取得を請求することができる旨の定めを設けている場合の当該株式をいう。）に係る請求権の行使によりその取得の対価として当該取得をする法人の株式のみが交付される場合の当該請求権の行使による取得

13　取得条項付株式（法人がその発行する全部又は一部の株式の内容として当該法人が一定の事由（以下「取得事由」という。）が発生したことを条件として当該株式の取得をすることができる旨の定めを設けている場合の当該株式をいう。）に係る取得事由の発生によりその取得の対価として当該取得をされる株主等に当該取得をする法人の株式のみが交付される場合（その取得の対象となった種類の株式のすべてが取得をされる場合には、その取得の対価として当該取得をされる株主等に当該取得をする法人の株式及び新株予約権のみが交付される場合を含む。）の当該取得事由の発生による取得

14　全部取得条項付種類株式（ある種類の株式について、これを発行した法人が株主総会その他これに類するものの決議（以下「取得決議」という。）によってその全部の取得をする旨の定めがある場合の当該種類の株式をいう。）に係る取得決議によりその取得の対価として当該取得をされる株主等に当該取得をする法人の株式（当該株式と併せて交付される当該取得をする法人の新株予約権を含む。）以外の資産（当該取得の価格の決定の申立てに基づいて交付される金銭その他の資産を除く。）が交付されない場合の当該取得決議による取得

(2)　措法37条の10第3項4号の規定の適用について

　　株主等が、その法人の自己株式等の取得（一定の場合の取得を除く。）により交付を受ける金銭の額及び金銭以外の資産の価額の合計額は、措法37条の10第3項4号の規定により株式等の譲渡所得等の収入金額とみなされることになるが、上記(1)のみなし配当に該当する部分は、株式等の譲渡所得等の収入金額から除かれている。

　　これを、図に示せば次のとおりとなる。

（例1）株式等の譲渡所得に譲渡益が生じるケース

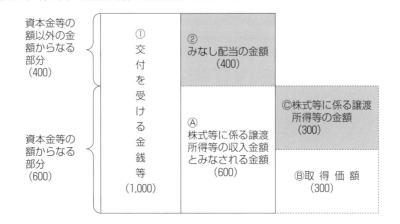

（例2）株式等の譲渡所得に譲渡損失が生じるケース

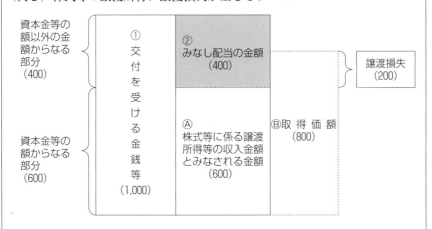

　　なお、措法37条の10第3項4号に規定する自己株式等の取得から
は、次の事由による取得は除かれている（措法37の10③四、措令25の
8⑧）。

　イ　金融商品取引法2条16項に規定する金融商品取引所の開設する市
　　　場（同条8項3号ロに規定する外国金融商品市場を含む。）におけ
　　　る購入口店頭売買登録銘柄（有価証券で、金融商品取引法2条13項

に規定する認可金融商品取引業協会が、その定める規則に従い、その店頭売買につき、その売買価格を発表し、かつ、当該有価証券の発行法人に関する資料を公開するものとして登録したものをいう。）として登録された株式（出資を含む。）のその店頭売買による購入

ハ　金融商品取引法２条８項に規定する金融商品取引業のうち同項10号に掲げる行為（いわゆる私設取引システム（PTS））を行う者が同号の有価証券の売買の媒介、取次ぎ又は代理をする場合におけるその売買（同号ニに掲げる方法により売買価格が決定されるものを除く。）による購入

ニ　事業の全部の譲受け

ホ　会社法192条１項の規定による請求に係る同項の単元未満株式の買取り

ヘ　所法57条の４第３項１号から第３号までに掲げる株式又は出資の同項に規定する場合に該当する場合における取得

　また、法人の自己株式等の取得の場合における所法59条の規定の適用に関して、次についても留意する必要がある（措通37の10－27）。

イ　所法59条１項２号に該当するかどうかの判定

　　法人が自己株式等の取得をした時における当該自己株式等の時価に対して、株主等に交付された金銭等の額が、同号に規定する著しく低い価額の対価であるかどうかにより判定する。すなわち、みなし譲渡を課税するかどうかの判定については、株主に交付された金銭等の額で判定することとなり、みなし配当部分も含めた金額で判定することとなる。

ロ　所法59条１項２号に該当する場合の株式等に係る譲渡所得等の収入金額とされる金額

　　自己株式等の時価に相当する金額から、みなし配当額に相当する金額を控除した金額による。

ハ　自己株式等の時価の算定

　　所基通59－６により算定する。

　なお、上記に関する具体例を示すと次のとおりである。

〔設 例〕

個人株主Aは、B法人に対して、時価300のB法人株式1株を相対取引により100で譲渡。

個人株主A	自己株式を取得したB法人
【B法人株式の取得価額】……90	【自己株式取得時のB／S】

B法人のB／S

諸資産	5,000	諸負債	3,000
／		資本金	1,000
／		資本準備金	600
／		利益準備金	400
	5,000		5,000
	=====		=====

(注) 発行済株式総数は20株

○ みなし配当の計算（所法25）

　　（みなし配当）（交付を受けた金銭等の額の合計額）（資本金等の額）

$$20 \quad = \quad 100 \quad - \quad 80$$

$$資本金等の額（80）= \frac{資本金1,000＋資本準備金600}{発行済株式総数20株}$$

○ 所法59条の適用の有無

　　（時価）　　　　（取引価額）

$$300 \quad \times \quad 1／2 \quad > \quad 100 \quad \Rightarrow \quad 適用あり$$

○ B法人株式の譲渡に係る総収入金額

　　（総収入金額）（時価）（みなし配当）

$$280 \quad = \quad 300 \quad - \quad 20$$

○ 譲渡益の計算

　　（譲渡益）（総収入金額）（取得費）

$$190 \quad = \quad 280 \quad - \quad 90$$

(3) 措法9条の7《相続財産に係る株式をその発行した非上場会社に譲渡した場合のみなし配当課税の特例》の規定の適用について

　　イ　特例の概要

相続又は遺贈（贈与者の死亡により効力を生ずる贈与を含む。以下同じ。）による財産の取得をした個人で、その相続又は遺贈につき納付すべき相続税額があるものが、その相続の開始があった日の翌日からその相続に係る申告書の提出期限の翌日以後３年を経過する日までの間に、その相続税額に係る課税価格（相法19条又は21条の14から21条の18までの規定の適用がある場合には、これらの規定により課税価格とみなされた金額）の計算の基礎に算入された非上場会社の株式をその非上場会社に譲渡した場合には、一定の手続を要件に、その非上場会社から交付を受けた金銭の額が、その非上場会社の法法２条16号に規定する資本金等の額又は同条17号の２に規定する連結個別資本金等の額のうちその交付の基因となった株式に対応する部分の金額を超えるときは、その超える部分の金額については、みなし配当課税は適用しないこととされている。

　すなわち、非上場会社から交付を受けた金銭等の全ての金額が株式等の譲渡所得等の収入金額に該当することとなる。

（参考図）

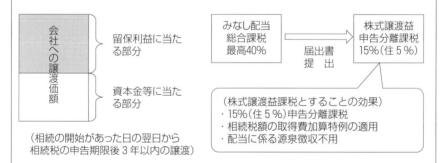

（相続の開始があった日の翌日から
相続税の申告期限後３年以内の譲渡）

　ロ　措法９条の７の規定を適用する場合の譲渡人の手続について

　　　この特例を適用する場合には、非上場会社に係る株式をその非上場会社に譲渡する時までに、「相続財産に係る非上場株式をその発行会社に譲渡した場合のみなし配当課税の特例に関する届出書」（以下「届出書」という。）を非上場会社を経由して、その非上場会社の本店又は主たる事務所の所在地の所轄税務署長に提出しなけれ

ばならないこととされている（措令5の2②）。

ハ 措法9条の7の規定を適用する場合の譲受人（非上場会社）の手続について

届出書の提出を受けた非上場会社は、その届出書の下部の部分を記載した上で、非上場会社の株式を譲り受けた日の属する年の翌年1月31日までに、その届出書を税務署長に提出しなければならない（措令5の2③）。

なお、非上場会社が届出書を受理したときには、その届出書はその受理された時に税務署長に提出されたものとみなされる（措令5の2⑤）。

〈リンク画像に掲載〉

《参考》届出書の様式

(4) 相法9条の規定の適用について

相法9条では、対価を支払わないで、又は著しく低い価額の対価で利益を受けた場合には、その利益の価額に相当する金額について贈与税を課税する旨規定されているが、その例示として相基通9－2(4)では、会社に対し時価より著しく低い価額の対価で財産を譲渡した場合には、その財産を譲渡した者が他の株主に対して株式の価額のうち増加した部分に相当する金額を贈与したものとみなすこととされている。

したがって、低額で発行法人に株式を譲渡した場合には、所得税の課税に留意するだけでなく、他の株主に対して贈与税の課税が生じることにも留意する必要がある。

《参考》届出書の様式

**相続財産に係る非上場株式をその発行会社に譲渡した
場合のみなし配当課税の特例に関する届出書（譲渡人用）**

発行会社受付印　　税務署受付印	譲渡人	住所又は居所	〒 電話　　−　　−	
令和　年　月　日		（フリガナ） 氏　　名		㊞
税務署長殿		個 人 番 号		

租税特別措置法第9条の7第1項の規定の適用を受けたいので、租税特別措置法施行令第5条の2第2項の規定により、次のとおり届け出ます。

被相続人	氏　　名		死亡年月日	平成・令和　年　月　日
	死亡時の住所又は居所			
納付すべき相続税額又はその見積額		円	(注)納付すべき相続税額又はその見積額が「0円」の場合にはこの特例の適用はありません。	
課税価格算入株式数				
上記のうち譲渡をしようとする株式数				
その他参考となるべき事項				

**相続財産に係る非上場株式をその発行会社に譲渡した
場合のみなし配当課税の特例に関する届出書（発行会社用）**

			※整理番号	
税務署受付印	発行会社	所 在 地	〒 電話　　−　　−	
令和　年　月　日		（フリガナ） 名　　称		㊞
税務署長殿		法 人 番 号		

上記譲渡人から株式を譲り受けたので、租税特別措置法施行令第5条の2第3項の規定により、次のとおり届け出ます。

譲り受けた株式数	
1株当たりの譲受対価	
譲受年月日	平成・令和　　年　　月　　日

(注)　上記譲渡人に納付すべき相続税額又はその見積額が「0円」の場合には、当該特例の適用はありませんので、みなし配当課税を行うことになります。この場合、届出書の提出は不要です。

※税務署処理欄	法人課税部門	整理簿	確認印	資産回付	資産課税部門			通 信 日 付 印	確認印	番号
								年　月　日		

01.06 改正

相続財産に係る非上場株式をその発行会社に譲渡した
場合のみなし配当課税の特例に関する届出書記載要領等

　この様式は、租税特別措置法第9条の7の規定の適用を受ける場合に、租税特別措置法施行令第5条の2第2項の規定に基づき譲渡人が発行会社を経由して提出する書面と、同条第3項の規定に基づき発行会社が前記書面を添付して提出する書面との兼用様式になっていますので、切り離さずに提出してください。

I　譲渡人用の記載要領

1　譲渡人の「住所又は居所」、「氏名」及び「個人番号」の各欄には、租税特別措置法第9条の7第1項《相続財産に係る株式をその発行した上場株式等以外の株式会社に譲渡した場合のみなし配当課税の特例》の規定の適用を受けようとする者の住所又は居所、氏名及び個人番号を記載してください。

2　被相続人の「氏名」、「死亡時の住所又は居所」及び「死亡年月日」の各欄には、租税特別措置法第9条の7第1項の規定の適用を受けようとする者の被相続人の氏名及び死亡の時における住所又は居所並びに死亡年月日を記載してください。

3　「納付すべき相続税額又は見積額」欄には、租税特別措置法第9条の7第1項に規定する特例の適用を受けようとする非上場株式の取得の基因となった相続又は遺贈につき、その非上場株式を発行会社に譲渡しようとする人が納付すべき相続税額又はその見積額を記載してください。

　（注）　納付すべき相続税額又はその見積額が「0円」の場合には、この特例の適用はありません。

　　　　この場合、届出書の提出も不要です。

4　「課税価格算入株式数」及び「上記のうち譲渡をしようとする株式数」の各欄には、租税特別措置法施行令第5条の2第2項《相続財産に係る株式をその発行した上場株式等以外の株式会社に譲渡した場合のみなし配当課

税の特例》に規定する課税価格算入株式の数及び当該課税価格算入株式の
うち当該非上場会社に譲渡をしようとするものの数を記載してください。

Ⅱ　発行会社用の記載要領

1　発行会社の「所在地」、「名称」及び「法人番号」の各欄には、租税特別
　措置法施行令第5条の2第2項の規定により書面の提出を受けた非上場会
　社の所在地、名称及び法人番号を記載してください。

2　「譲り受けた株式数」、「1株当たりの譲受対価」及び「譲受年月日」の各
　欄には、非上場会社が租税特別措置法第9条の7第1項の規定の適用を受
　けようとする者から譲り受けた課税価格算入株式の数及び1株当たりの譲
　受けの対価の額並びに当該課税価格算入株式を譲り受けた年月日を記載し
　てください。

　(注)　譲渡人に納付すべき相続税額又はその見積額が「0円」の場合に
　　　　は、この特例の適用はありませんので、譲受対価の支払いの際にみ
　　　　なし配当課税を行うことになります。

　　　　　また、譲渡人に納付すべき相続税額が「0円」であることが、届
　　　　出書の提出後に判明した場合にも、みなし配当課税を行うことにな
　　　　ります。

「※」欄は、記載しないでください。

Q3-3　政令上の自己株式の取得とみなし配当の関係

　政令で定められている自己株式の取得とみなし配当の関係について教えてください。

Answer

　政令で定められている自己株式の取得については、上記みなし配当課税の対象から除外されます。

【解　説】

　政令で定められている自己株式の取得は下記です（法令23③、所令61①）。

① 　金融商品取引所の開設する市場における購入

　　金融商品取引所に類するもので外国の法令に基づき設立されたものは含まれ、株主が公開買付けに応じる場合には、事前に公表された買取価額で株式発行法人に譲渡するもので、公開買付けに応じる株主と株式発行法人との相対取引になりますから市場における購入とはなりません。この場合、みなし配当課税が生じることになります。

② 　店頭売買登録銘柄として登録された株式のその店頭売買による購入

　　株式で、金融商品取引法第2条第13項に規定する認可金融商品取引業協会が、その定める規則に従いその店頭販売につき、その売買価格を発表し、かつ、当該株式の発行法人に関する資料を公開するものとして登録したものをいいます。

　　なお、株主が公開買付けに応じる場合には、事前に公表された買取価額で一律に株式発行法人に譲渡するもので、公開買付けに応じる株主と株式発行法人の相対取引になるので、この場合、みなし配当課税が生じることになります。

③ 　金融商品取引法第2条第8項に規定する金融商品取引業のうち同項第10号に掲げる行為を行う者が同号の有価証券の媒介、取次ぎ、代理

をする場合におけるその売買（同号ニに掲げる方法により売買価格が決定されるものを除きます。）

　　みなし配当は生じません。

④　事業の全部の譲受け

　　自己株式取得解禁前から、営業の全部の譲受けに伴う、譲り受ける営業財産に含まれる自己株式の取得については認められていました。

　　営業の譲受けに伴い、営業財産に含まれ取得される自己株式は、合併や分割により当該被合併法人の資産又は分割事業に係る資産に含まれる自己株式と同様であるとの考え方から、みなし配当適用外とされています。

⑤　合併、分割、現物出資による被合併法人、分割法人、現物出資法人からの移転

　　適格分割若しくは適格現物出資又は事業を移転し、かつ当該事業を移転し、かつ当該事業に係る資産に当該分割若しくは現物出資に係る分割承継法人若しくは被現物出資法人の株式が含まれている場合の当該分割若しくは現物出資に限定されます。

　　また、非適格の分割及び現物出資法人の場合には事業の移転に伴いその移転した事業に含まれる株式が自己株式となる場合に限定されます。

⑥　適格分社型分割による分割承継法人からの交付

　　法人税法第2条第12項の11に規定する分割承継親法人株式が交付されるものに限定され、適格分社型分割の対価として分割承継親法人（自己株式）が交付される場合をいいます。

⑦　法人税法第61条の2第9項による株式交換完全親法人からの交付

　　有価証券の譲渡益又は譲渡損の益金又は益金算入の規定に係る金銭等不交付株式交換

　　法人税法第61条の2第9項に規定する政令で定める関係がある法人の株式が交付されるものに限定され、株式交換完全親法人となる法人

の発行済株式等の全部を保有する親法人の株式が交付される株式交換
で、その親法人が株式交換完全子法人となる法人の株式を保有してい
た場合に株式完全親法人となる親法人から自己株式の交付を受けた場
合をいいます。

⑧　合併に反対する当該合併に係る被合併法人の株主等の買取請求に基
づく買取り

　　合併に反対する株主から自己株式を買い取った場合にはみなし配当
課税は生じません。

⑨　会社法第182条の4第1項（反対株主の株式買取請求）

　　資産の流動化に関する法律第38条（特定出資についての会社法の準
用）又は第50条第1項（優先出資についての会社法の準用）において準
用する場合を含みます。

⑩　会社法第192条第1項（単元未満株式の買取の請求）又は第234条第4
項（1に満たない端数の処理）（同法第235条第2項（1に満たない端数の
処理）又は他の法律において準用する場合を含みます。）の規定による買
取り

⑪　法人税法第61条の2第14項第3号に規定する全部取得条項付種類株
式を発行する旨の定めを設ける会社法第13条第1項（事業年度の意義）
に規定する定款等の変更に反対する株主等の買取請求に基づく買取り

　　その買取請求の時において、当該全部取得条項付種類株式の同号に
定める買取決議に係る取得対価の割合に関する事項（当該株主等に交
付する当該買取りをする法人の株式の数が1に満たない端数となるものに
限定されます。）が当該株主等に明らかにされている場合（法第61条の
2第14号に規定する場合に該当するものに限定されます。）における当該
買取りに限定されます。

⑫　法人税法第61条の2第14項第3号に規定する全部取得条項付種類株
式に係る同号に定める取得決議

　　当該取得決議に係る取得の価格の決定の申立てをした者でその申立

てをしないとしたならば、当該取得の対価として交付されるものとなる当該取得をする法人の株式の数が1に満たない端数となるものからの取得（同項に規定する場合に該当する場合における当該取得りに限定されます。）に係る部分に限定されます。

⑬　会社法第167条第3項（効力の発生）若しくは第283条（1に満たない端数の処理）に規定する1株に満たない端数（これに準ずるものを含みます。）又は投資信託及び投資法人に関する法律第88条の19（1に満たない端数の処理）に規定する一口に満たない端数に相当する部分の対価としての金銭の交付

　この場合、取得価額を資本金等の額からそのまま減額するだけです。

Q3-4　みなし配当と通知義務

みなし配当と通知義務について教えてください。

Answer

下記になります。

【解 説】

　自己株式買取りにあたっては、株主に対してみなし配当の額を明確にする必要があります。

　そのため自己株式取得法人は、自己株式の買取りである旨及びその事由の生じた日並びに1株当たりのみなし配当額に相当する金額を、自己株式の譲渡に応じた法人に対して通知する必要があります（法令23④）。自己株式譲渡に応じた法人にあっては、その通知により1株当たりのみなし配当金額が明らかにされます。

Q3-5　みなし配当課税特例

> みなし配当課税特例について教えてください。

Answer

　下記になります。

【解 説】

　平成16年4月1日以後の相続又は遺贈による財産の取得をした個人で、その相続または遺贈について、相続税法の規定による相続税の額を納付する者が、相続の開始のあった日の翌日から、相続税に係る申告書の提出期限の翌日以後3年を経過する日までの間に、相続税額の課税価格に算入された上場株式等以外の株式を発行法人に譲渡した場合には、その譲渡により交付を受けた金銭の額が資本金等の額を超える場合であっても、その超える部分の金額については、みなし配当課税を行わず、株式の譲渡対価として譲渡所得とする旨の特例が設けられています（措法9の7）。

　要するに譲渡所得のみ認識します。

Q3-6 相続財産に係る株式をその発行した非上場会社に譲渡した場合のみなし配当課税の特例の適用関係について（相続開始前に同一銘柄の株式を有している場合）の当局の考え方

質疑応答事例0402「Ⅶ　譲渡所得の審理上の留意点（29相続財産に係る株式をその発行した非上場会社に譲渡した場合のみなし配当課税の特例の適用関係について（相続開始前に同一銘柄の株式を有している場合）東京国税局課税第一部　資産課税課　資産評価官（平成24年7月作成）「資産税審理研修資料」）について教えてください。

Answer

　みなし配当課税特例についての当局の考え方となります。出典はTAIN（TAINZコード　所得事例700402）になります。

【解 説】

質疑応答事例0402Ⅶ　譲渡所得の審理上の留意点29相続財産に係る株式をその発行した非上場会社に譲渡した場合のみなし配当課税の特例の適用関係について（相続開始前に同一銘柄の株式を有している場合）
東京国税局課税第一部 資産課税課 資産評価官（平成24年7月作成）
「資産税審理研修資料」【情報公開法第9条第1項による開示情報】

〔概要〕
29　相続財産に係る株式をその発行した非上場会社に譲渡した場合のみなし配当課税の特例の適用関係について（相続開始前に同一銘柄の株式を有している場合）

　甲は、非上場会社であるA社の株式20,000株を所有していたところ、

平成22年12月14日に母が死亡し、母が所有していたＡ社株式40,000株の
うち15,000株を相続により取得したため、現在は35,000株を所有してい
る。

　甲は、その所有するＡ社株式のうち10,000株を、母の相続に係る相続
税の申告書の提出期限の翌日以後3年を経過する日までの間に、譲渡時
の時価でＡ社へ譲渡する予定である。

　なお、母の相続に係る相続税の申告において、甲には納付すべき税額
が生じている。

　この場合、甲が、その所有するＡ社株式のうち10,000株（以下「本件
譲渡予定株式」という。）を譲渡した場合には、本件譲渡予定株式の全
てが母から相続により取得したものからなるものとして、措法9条の7
《相続財産に係る株式をその発行した非上場会社に譲渡した場合のみな
し配当課税の特例》第1項に規定する特例（以下「みなし配当課税の特
例」という。）の適用があるか。

《概要図》

　　　　　　平成22年12月14日　　　　　　　～平成26年10月14日
　（甲）A株式保有　　（母→甲）A株式相続　　（甲→A社）A株式譲渡予定
　　　20,000株　　　　　　15,000株　　　　　　　10,000株

[答]　甲がＡ社に譲渡する本件譲渡予定株式の全てについて、措法9条の7
の規定を適用することができる。

【理由】

1　みなし配当課税の特例について

　　措法9条の7第1項は、相続又は遺贈（贈与者の死亡により効力を生ず
る贈与を含む。以下同じ。）（以下「相続等」という。）による財産の取得
をした個人でその相続等につき納付すべき相続税額があるものが、その相
続の開始があった日の翌日からその相続税の申告書の提出期限の翌日以後
3年を経過する日までの間にその相続税額に係る課税価格の計算の基礎に
算入された非上場会社の発行した株式を当該非上場会社に譲渡した場合に
おいて、当該譲渡の対価として当該非上場会社から交付を受けた金銭の額

が当該非上場会社の資本金等の額のうちその交付の基因となった株式に対応する部分の金額を超えるときは、その超える部分の金額について、一定の手続の下、みなし配当課税を行わない旨規定している。

　したがって、みなし配当課税の特例の適用を受ける場合には、当該譲渡の対価として当該非上場会社から交付を受ける金銭の額は、その全てが株式等に係る譲渡所得等に係る収入金額とみなされることとなる。

2　取得費加算の特例について

　措法39条《相続財産に係る譲渡所得の課税の特例》（以下「取得費加算の特例」という。）1項は、相続等による財産を取得した個人でその相続等につき相続税額があるものが、その相続の開始のあった日の翌日からその相続税の申告書の提出期限の翌日以後3年を経過する日までの間にその相続税額に係る課税価格の計算の基礎に算入された資産を譲渡した場合には、その譲渡をした資産に係る譲渡所得の金額の計算上、その相続税額のうち一定の方法で計算した金額を加算した金額をもってその資産の取得費とする旨規定している。

　そして、取得費加算の特例は、相続の開始のあった日の翌日から相続税の申告書の提出期限の翌日以後3年を経過する日までの間に相続税の課税価格の計算の基礎に算入された資産を譲渡した場合に適用があるため、相続等により取得した非上場会社の発行した株式の譲渡についてみなし配当課税の特例の適用がある場合には、取得費加算の特例についても同時に適用があることとなる。また、取得費加算の特例の適用に当たり、措通39-20《同一銘柄の株式を譲渡した場合の適用関係》は、譲渡所得の基因となる株式を相続等により取得した個人が、当該株式と同一銘柄の株式を有している場合において、措法39条1項に規定する期間内に、これらの株式の一部を譲渡したときには、その株式の譲渡は相続等により取得した株式から優先的に譲渡したものとして同特例の適用がある旨定めているところ、その理由は次のとおりとされている。

①　同一銘柄の株式については、相続財産であっても相続人固有の財産であっても、その資産としての性質は同一であり、いずれを譲渡したとしても、これを区別して特例の適用を判断する合理的理由に乏しいこと

　　（相続等により取得した株式を譲渡したことが明らかであることを条件
　　に特例の適用を認めることは現実的でないこと。）。

②　所基通33－6の4《有価証券の譲渡所得が短期譲渡所得に該当するか
　　どうかの判定》における長期・短期の区分に係る取扱い（先入先出法に
　　よる判定）は、いずれの株式から譲渡したかが判然としない場合に、納
　　税者有利に取り扱うこととするものと考えられるところ、これを取得費
　　加算の特例に準用すると、納税者にとって不利になる場合があること。

3　みなし配当課税の特例の適用関係

　　上記2の①及び②の理由は、みなし配当課税の特例及び取得費加算の特
　例がいずれも相続税納付のための相続財産の譲渡に係る課税の負担軽減を
　目的とするものであることからすれば、みなし配当課税の特例においても
　同様に当てはまるものと考えられる。

　　そして、みなし配当課税の特例の適用がある場合には取得費加算の特例
　も同時に適用があることを併せ考えれば、取得費加算の特例の適用におけ
　る措通39－20の取扱いと異なる取扱いをすることは適当でないと考えられ
　ることから、みなし配当課税の特例の適用に当たっても、措通39－20の取
　扱いと同様に、相続等により取得した非上場会社の発行した株式から優先
　的に譲渡したものとして取り扱うのが相当である。

　　以上のことからすると、本件譲渡予定株式は、特例の適用対象となる甲
　が母から相続により取得したA社株式15,000株の範囲内の株数であること
　から、その全てが母から相続により取得したものとして取り扱われること
　となるため、本件譲渡予定株式を譲渡した場合には、その全てにみなし配
　当課税の特例の適用があり、その結果、甲がA社から本件譲渡予定株式
　の譲渡の対価として交付を受けた金銭の額について、みなし配当課税は行
　われず、その全てが株式等に係る譲渡所得等に係る収入金額とみなされ
　る。

Q3-7 取得請求権付株式に係る請求権の行使等により株式を取得した場合の譲渡所得等の特例

> 「取得請求権付株式に係る請求権の行使等により株式を譲渡した場合の譲渡所得等の特例」について教えてください。

Answer

下記のタックスアンサーNo.1528が基本です。

【解 説】

出典はタックスアンサーNo.1528です。

1 特例のあらまし

居住者が、その有する次の(1)から(6)までの有価証券をそれぞれ(1)から(6)までに掲げる事由により譲渡をし、かつ、その事由により取得をする法人の株式（出資を含みます。）又は新株予約権の交付を受けた場合（その交付を受けた株式又は新株予約権の価額がその譲渡をした有価証券の価額とおおむね同額となっていないと認められる場合を除きます。）には、その有価証券の譲渡はなかったものとみなされます。

また、(2)、(3)、(5)又は(6)に掲げる事由により株主又は新株予約権者に対して交付しなければならない株式又は新株予約権に1に満たない端数が生じたため、その端数に相当する金銭が株主又は新株予約権者に交付されたときもこの特例の適用がありますが、その交付された金銭については、その1に満たない端数の株式又は新株予約権の譲渡があったものとして課税関係が生じます。

なお、この特例は、上記端数に相当する金銭が株主又は新株予約権者に交付されたときを除き、原則として確定申告は不要です。

(1) 取得請求権付株式

取得請求権付株式に係る請求権の行使により、その取得の対価として
その取得をする法人の株式のみが交付される場合のその請求権の行使

(2)　取得条項付株式

取得条項付株式に係る取得事由の発生により、その取得の対価として
その取得をされる株主等にその取得をする法人の株式のみが交付される
場合（その取得の対象となった種類の株式の全てが取得をされる場合には、
その取得の対価としてその取得をされる株主等にその取得をする法人の株式
及び新株予約権のみが交付される場合を含みます。）のその取得事由の発生

(3)　全部取得条項付種類株式

全部取得条項付種類株式に係る取得決議により、その取得の対価とし
てその取得をされる株主等にその取得をする法人の株式（その株式と併
せて交付されるその取得をする法人の新株予約権を含みます。）以外の資産
（その取得の価格の決定の申立てに基づいて交付される金銭その他の資産を
除きます。）が交付されない場合のその取得決議

(4)　新株予約権付社債についての社債

新株予約権付社債に付された新株予約権の行使により、その取得の対
価としてその取得をする法人の株式が交付される場合のその新株予約権
の行使

(5)　取得条項付新株予約権

取得条項付新株予約権に係る取得事由の発生により、その取得の対価
としてその取得をされる新株予約権者にその取得をする法人の株式のみ
が交付される場合のその取得事由の発生

(6)　取得条項付新株予約権が付された新株予約権付社債

取得条項付新株予約権に係る取得事由の発生により、その取得の対価
としてその取得をされる新株予約権者にその取得をする法人の株式のみ
が交付される場合のその取得事由の発生

2　この特例の適用を受けた場合の交付を受けた株式等の取得価額

(1)　上記1(1)の場合

　　取得請求権付株式の取得価額（交付を受ける株式等の取得に要した費用がある場合には、その費用を加算した金額）となります。

(2)　上記1(2)の場合

　イ　取得の対価として株主等にその取得をする法人の株式のみが交付された場合

　　　取得条項付株式の取得価額（交付を受ける株式等の取得に要した費用がある場合には、その費用を加算した金額）となります。

　ロ　取得の対象となった種類の株式の全てが取得され、かつ、その取得の対価として株主等にその取得をする法人の株式及び新株予約権のみが交付された場合

　　1　その取得をする法人の株式

　　　　取得条項付株式の取得価額（交付を受ける株式等の取得に要した費用がある場合には、その費用を加算した金額）となります。

　　2　その取得をする法人の新株予約権零

(3)　上記1(3)の場合

　イ　取得の対価として株主等にその取得をする法人の株式以外の資産が交付されなかった場合

　　　全部取得条項付種類株式の取得価額（交付を受ける株式等の取得に要した費用がある場合には、その費用を加算した金額）となります。

　ロ　取得の対価として株主等にその取得をする法人の株式及び新株予約権が交付され、かつ、これら以外の資産が交付されなかった場合

　　1　その取得をする法人の株式

　　　　全部取得条項付種類株式の取得価額（交付を受ける株式等の取得に要した費用がある場合には、その費用を加算した金額）となります。

　　2　その取得をする法人の新株予約権零

(4)　上記1(4)の場合

　　新株予約権付社債の取得価額（交付を受ける株式等の取得に要した費用がある場合には、その費用を加算した金額）となります。

⑸　上記１⑸の場合

　　取得条項付新株予約権の取得価額（交付を受ける株式等の取得に要した費用がある場合には、その費用を加算した金額）となります。

⑹　上記１⑹の場合

　　新株予約権付社債の取得価額（交付を受ける株式等の取得に要した費用がある場合には、その費用を加算した金額）となります。

　　（所法57の４、所令167の７、所基通57の４－２）

Q3-8 資本剰余金の配当と自己株式取得の相違点

資本剰余金の配当と自己株式取得の相違点を教えてください。

Answer

下記のようにまとめられます[1]。

【解 説】

一般論では個人株主には配当しない、法人株主には所有割合によっては配当すべき（受取配当の益金不算入制度）といわれます。

株主側は総合課税の税率によって有利・不利が分かれます。配当手段別の課税関係を俯瞰します。

株主への資金還元手法一覧

資金還元手法一覧		個人株主の場合	法人株主の場合
現金での配当	利益剰余金	○	○
	資本剰余金		
現物での配当	利益剰余金		
	資本剰余金		
贈与・寄附			
金庫株			
分割型分割		×	

※法人格消滅でも OK なら吸収合併、解散清算も視野にいれること

上記における課税関係

	個人株主	実施法人
利益剰余金	配当所得	利積の減少
資本剰余金	譲渡所得＋配当所得	資本金等＋利積の減少
現物資産配当	時価課税	譲渡損益＋資本金等＋利積の減少
金庫株	譲渡所得＋配当所得	資本金等＋利積の減少
贈与・寄附	雑所得＋給与所得	寄付金・給与（賞与）

---

1 白井一馬他『実務目線からみた税務判断─実務で直面する厳選20事案』大蔵財務協会、

　個人株主において配当所得は著しく不利なため、個人株主への資金還流方法において配当は課税実務上一般的ではありません。役員給与の過大性回避のために意図的に行われるのが専らです。配当に過大性の判定はありません（配当は株主としての地位に基づき支払いを受けるもので対価性がないため）。

　一方、法人株主においては受取配当の益金不算入制度があるため、資金還元法としては非常に利用される方法の一法となります。第三者M&Aの際に、売主会社の株主が法人の場合、売買金額の一部をクロージング前に配当する、又は自己株式取得するという資金還流方法もよく利用される手法です。

　課税実務上、上記のうち一般的によく利用されるのは、利益剰余金の配当（通常の金銭配当）、又は自己株式の取得（金庫株）です。

　この点、金庫株についての自己株式の評価とその低減値（「著しく低い」「時価」の概念）については、拙著『新版 Q&A みなし贈与のすべて』（ロギカ書房）において詳細解説していますので、そちらをご参照ください。

　受け手である株主の属性で配当すべきかを考慮し、配当実施法人は考慮外にされます。現実的に、それで問題が生じるとは思えませんが、シミュレーション上は下記のような実施法人におけるインパクトも考慮します。

　配当実施法人では下記のようなインパクトが生じます。

212〜229頁（2014/09）を図解等も含めて引用・参照しています。

実施法人の有利・不利判定

還流方法	影響
利益剰余金	純資産額変動
資本剰余金	純資産額変動
現物資産配分	所得計算影響
	純資産額変動
金庫株	純資産額変動
贈与・寄附	所得計算影響

含み損資産の損実現
含み益資産の場合、繰越欠損金の有無を必ずチェックすること。消費税不課税（消費課税なしで資金移転可能）

寄付金⇒役員賞与（損金不算入）…やらないこと。
※多額であれば善管注意義務違反・忠実義務違反問題あり。

※純資産変動⇒資本金等の額が減少…資本割、均等割の削減⇒法人有利
（注）資本金等＋利積は寄附金損金不算入額影響あり。

Q3-9　自己株式又は出資取得におけるみなし配当計算

自己株式又は出資取得におけるみなし配当計算を教えてください。

Answer

下記となります。

【解 説】

次の区分に応じてそれぞれ計算した金額がみなし配当対象です。

1）自己株式取得等をした法人が一の種類の株式等を発行していた法人

・株式発行法人に対して

・同社株式を譲渡した株主が

・交付を受ける金銭等の額が、

・自己株式取得等をした法人の

・取得直前の資本金等の額を取得直前の発行済株式（その法人が有する自己株式を除きます。）又は出資の総数（出資にあっては総額となります。）で除し、

・これに取得された株式の数又は出資の額を乗じて計算した金額を超える場合の

・その超える部分の金額

2）自己株式取得等をした法人が二以上の種類の株式等を発行していた法人

・株式発行法人に対して

・同社株式を譲渡した株主が

・交付を受ける金銭等の額が、

・株式発行法人の取得した自己株式と同一の種類の株式に係る種類資本金額を取得直前のその種類株式（取得直前に有していた自己株式を

除きます。）の総数で除し、

・これに取得された種類株式の数を乗じて計算した金額を超える場合
　の

・その超える部分の金額

Q3-10　令和４年度税制改正での資本の払戻しに関するみなし配当の計算方法

令和４年度税制改正での資本の払戻しに関するみなし配当の計算方法について教えてください。

Answer

令和３年３月の最高裁判決を受けて、令和４年度税制改正において、資本の払戻しに関するみなし配当の計算方法が改正されています。実務に対する影響は少ないものと想定されます。

【解 説】

従来の方法は次以降の Q&A で紹介しています。資本の払戻しが行われた場合、以下の算式によりみなし配当を計算します。

（みなし配当の額の計算式）

みなし配当　＝　資本の払戻し額　−　資本金等の額対応額

上記算式中の「資本金等の額対応額」の計算については、下記の算式により計算を行います。資本金等の額利益積立金額は、プロラタで分配されたものとして扱われます。

（資本金等の額対応額の計算式）

資本金等の額対応額　＝　払戻し直前の資本金等の額　×　みなし配当割合

$$\text{みなし配当割合} = \frac{\text{資本の払戻しにより減少した資本剰余金の額}}{\text{前期末総資産} - \text{前期末総負債（※）}}$$

（※）別途一定の調整を行う場合有り

上記の計算ロジックから、資本の払戻し時に利益が留保されている状態で資本剰余金の分配が行われる場合、法律や会計上の性格としては、その

全額が資本剰余金の減少だとしても、税務上は資本金等の額と利益積立金額の減少とされ、利益積立金額減少額相当が、みなし配当とされていました。

　最高裁判所令和3年3月11日判決において利益剰余金と資本剰余金の双方を原資とする「混合配当」が行われた場合の資本の払戻に関するみなし配当計算の方法に係る判示がでました。

　この事案は、分配側法人の税務上の純資産が会計上の純資産よりも少なかったことにより、上述の従来型方法では、みなし配当計算の結果、算出される資本金等の額対応額が、実際に減少する資本剰余金よりも多く計算されるものでした。

　最高裁は、利益剰余金と資本剰余金の双方を原資とするのであれば分配全体が資本の払戻しとしてのみなし配当計算の対象となるとしました。当該計算過程で算定される資本金等の額対応額が、実際に減少する資本剰余金よりも多く計算される点について、その多く計算される限度においては、無効である旨判示しました。

　当該判決は、あくまで「限度額」が「実際に減少する資本剰余金の額」となる旨を判示したものです。資本の払戻しに関する計算において、常に資本金等の額対応額＝実際に減少する資本剰余金の額と考えるという趣旨ではありません。

　令和4年度税制改正は、資本の払戻しに関する計算方法のうち最高裁判決で無効と示された部分を法令上も調整するための改正です。

　上記記載の「資本金等の額対応額」の計算式で計算される金額が、実際に減少する資本剰余金の額よりも大きくなる場合には、「資本金等の額対応額」は実際に減少する資本剰余金の額を上限とすることが、法令上明記されました。

　もっとも、この改正が適用される場面は、下記のように税務上の純資産が会計上の純資産よりも少ない、最高裁判決と同様な状態での分配を前提としています。

前提条件

・利益剰余金と資本剰余金をまとめて支払う「混合配当」として分配
　が行われる

混合配当	60,000
うち利益剰余金	30,000
うち減少資本剰余金額	30,000
直前資本金等の額	60,000

・税務上の純資産が会計上の純資産より少ない

	総資産	総負債	純資産
会計上	300,000	150,000	150,000
税務上	240,000	150,000	90,000

みなし配当の計算

(1)　減少資本割合の計算

$$\frac{60,000\text{（混合配当）}}{240,000\text{（税務上総資産）}-150,000\text{（税務上総負債）}} = 0.667$$

(2)　資本金等の額対応額の計算

　　①直前資本金等の額×減少資本割合

　　　60,000（直前資本金等の額）×0.667（減少資本割合）＝ 40,020

　　②減少資本剰余金額　　　　　　　30,000

　　③比較　　　　　　　　　　　　①＞②

　　　資本金等の額対応額＝30,000（減少資本剰余金額）

(3)　みなし配当の額の計算

　60,000（混合配当）－30,000（資本金等の額対応額）＝30,000（みなし配当）

（※数値修正必要）

　上記のケースの場合は、令和4年度税制改正により税務上減少する利益積立金額と資本金等の額の内訳が、会計上減少する利益剰余金と資本剰余金と一致します。

　なお、仮に令和4年度税制改正の適用がないとした場合、計算される資本金等の額対応額が実際に減少する資本剰余金よりも多額になる結果になります。

　この場合、利益剰余金を原資とする部分までが、税務上は資本部分の払戻しと扱われる状態になってしまいます。前述の最高裁判決を受けた令和4年度税制改正は、そのような状態にはさせないための措置です。

　実務上、税務上の純資産は会計上の純資産よりも多くなることが一般的です。

　そしてこのような一般的なケースの場合は、下記設例のとおり、結果的に資本の払戻しに関するみなし配当計算はこれまでと同様となり、令和4年度税制改正の影響を受けないものとなります。

前提条件

・利益剰余金と資本剰余金をまとめて支払う「混合配当」として分配が行われる

混合配当	60,000
うち利益剰余金	30,000
うち減少資本剰余金額	30,000
直前資本金等の額	60,000

・税務上の純資産が会計上の純資産より多い（前述設例と異なる点）

	総資産	総負債	純資産
会計上	300,000	150,000	150,000
税務上	360,000	150,000	210,000

みなし配当の計算

(1) 減少資本割合の計算

$$\frac{60,000 \,（混合配当）}{360,000 \,（税務上総資産）-150,000 \,（税務上総負債）} = 0.286$$

(2) 資本金等の額対応額の計算

①直前資本金等の額×減少資本割合

　60,000（直前資本金等の額）×0.286（減少資本割合）= 17,160

②減少資本剰余金額　　　　　　　30,000

③比較　　　　　　　　　　　　①＜②

　資本金等の額対応額＝17,160（減少資本剰余金額）

(3) みなし配当の額の計算

60,000（混合配当）－17,160（資本金等の額対応額）＝42,840（みなし配当）

(※数値修正必要)

　資本の払戻しを行う法人は、今後も基本的に従来通りのプロラタによるみなし配当の計算を行う必要があります。

　なお、令和4年度税制改正においては、種類株式を発行する法人が資本の払戻しを行った場合における「みなし配当の額」の計算の基礎となる「払戻等対応資本金額等及び資本金等の額」の計算の基礎となる「減資資本金額」は、その資本の払戻しに係る各種類資本金額を基礎として計算することとする、ことも明確化されています。

Q3-11 自己株式又は出資取得におけるみなし配当計算事例

自己株式又は出資取得におけるみなし配当計算の具体的計算事例を教えてください。

Answer

下記となります。

【解 説】

会社法上、自己株式を取得することは純資産を株主へ交付する取引と考えます。法人税法上もそれにのっとり、資本等取引として扱います。

なお、自己株式取得において低額譲渡した場合、種々の見解（例えば、損益取引と資本等取引との混合取引ではないか、等々）がいまだあるようですが、課税実務上は資本等取引として扱って全く問題ありません。

「平成19年版税務相談事例集」（大蔵財務協会）ではこの点につき「自己株式の売買価額を時価より低額としたことが、何らかの利益移転を目的とした損益取引と資本等取引とを抱き合わせした結果であると認められる場合には、売買価額を時価に引き直したところにより課税関係が整理させることもあると思われます。」と記載があり、未だに一部の実務家を困惑させているようです。

しかし、自己株式の処理に関しては資本等取引とすることが会社法において整理され、それに伴い法人税も整合性をとる取扱いをしたことで従来の考え方は現在はないものと考えて問題ありません。現に、その後の税務相談事例集ではこの記述は削除されています。

租税法においては、自己株式取得取引は2つの取引で構成されていると考えます。

1）株主が会社に拠出した資本の額を現時点の株主に返還する取引

２）利益の内部留保額を株主に還元する取引

（前提）
・発行法人での資本金等の額が8,000、利益積立金額が40,000。
・法人株主は当該法人（発行済株式総数100株）のうち20株を1,600で当初購入（取得原価）。
・今回、当該20株を24,000で購入。

（STEP 1）

上記1）の算式が以下のとおりです（法令8①二十）。

自己株式取得直前の発行法人の資本金等の額×按分割合（※）

$$※按分割合 = \frac{取得株式数}{自己株式取得直前の発行済株式数}$$

上記にあてはめると、1）の金額は $8,000 \times \dfrac{20}{100} = 1,600$

一方2）の金額は次の算式で計算します（法令9①十四）

株主に交付した額−1）の金額

24,000 − 1,600 = 22,400

です。

したがって、税務仕訳では

（借方）資本金等の額　　1,600　　　（貸方）現金預金　24,000
　　　　利益積立金額　　22,400

となります。

（STEP 2）

しかし、会計では24,000をまとめて処理します。下述の会計基準では株主資本と利益の内部留保部分を区分することを要請しておりません。

会計仕訳では

（借方）自己株式　　　　24,000　　　（貸方）現金預金　24,000

となります。

　　自己株式に係る会計処理を定めた「自己株式及び準備金の額の減少等に関する会計基準」に規定があり、それに則った処理です。

〈自己株式の会計処理及び表示〉

自己株式の取得及び保有

7．取得した自己株式は、取得原価をもって純資産の部の株主資本から控除する。

8．期末に保有する自己株式は、純資産の部の株主資本の末尾に自己株式として一括して控除する形式で表示する。

　　税会不一致が生じるため税務調整が必要になります。具体的な申告調整は下記となります。

（申告調整 STEP 1）

　　いったん24,000全額が利益積立金額から拠出されたものとして処理する。

【別表四】

区分		総額	処分		
		①	留保	社外流出	
			②	③	
当期利益				配当	
				その他	
加算	みなし配当認容				
加算	資本金等の額				
減算	自己株式認容	24,000	24,000		
所得金額					

【別表五（一）】

	Ⅰ利益積立金額の計算に関する明細書			
区分	期首現在 利益積立金額	当期の増減		差引翌期首現在 利益積立金額 ①－②＋③
		減	増	
	①	②	③	④
利益準備金				
自己株式		24,000		△24,000
繰越損益金	40,000			40,000
差引合計額	40,000	24,000		16,000

（申告調整 STEP 2）

　　過剰に控除した利益積立金額24,000を足し戻します。

【別表四】

区分		総額	処分		
			留保	社外流出	
		①	②	③	
当期利益				配当	
				その他	
加算	みなし配当認容	22,400		配当	22,400
加算	資本金等の額	1,600	1,600		
減算	自己株式認容	24,000	24,000		
所得金額					

　　みなし配当の認容分は「配当・社外流出」です。

（申告調整 STEP 3）

　　資本金等の額を最終調整します。

【別表五（一）】

Ⅰ　利益積立金額の計算に関する明細書			
区分	期首現在利益積立金額	当期の増減		差引翌期首現在利益積立金額①－②＋③
		減	増	
	①	②	③	④
利益準備金				
自己株式		24,000		△24,000
資本金等の額			1,600	1,600
繰越損益金	40,000			40,000
差引合計額	40,000	24,000	1,600	17,600

Ⅱ　資本金等の額の計算に関する明細書			
区分	期首現在資本金等の額	当期の増減		差引翌期首現在資本金等の額
		減	増	
	①	②	③	④
資本金	8,000			8,000
資本準備金				
利益積立金額		1,600		△1,600
差引合計額	8,000	1,600		6,400

（譲渡法人側の処理）

　　下記のようになります。

　　（借方）現金預金　　24,000　　（貸方）発行法人株式　16,000
　　　　　　株式売却損　14,400　　　　　　受取配当金　　22,400

　　先ほどの発行法人側の資本金等と利益積立金額部分の区分については下記に規定されています。

　　　1,600…株式の譲渡収入（法法61の2①）

　　　22,400…みなし配当（法法24①五）

【法人税法第61条の２第１項】

　内国法人が有価証券の譲渡をした場合には、その譲渡に係る譲渡利益額（第一号に掲げる金額が第二号に掲げる金額を超える場合におけるその超える部分の金額をいう。）又は譲渡損失額（同号に掲げる金額が第一号に掲げる金額を超える場合におけるその超える部分の金額をいう。）は、第62条から第62条の５まで（合併等による資産の譲渡）の規定の適用がある場合を除き、その譲渡に係る契約をした日（その譲渡が剰余金の配当その他の財務省令で定める事由によるものである場合には、当該剰余金の配当の効力が生ずる日その他の財務省令で定める日）の属する事業年度の所得の金額の計算上、益金の額又は損金の額に算入する。

一　その有価証券の譲渡に係る対価の額（第24条第１項（配当等の額とみなす金額）の規定により第23条第１項第一号又は第二号（受取配当等の益金不算入）に掲げる金額とみなされる金額がある場合には、そのみなされる金額に相当する金額を控除した金額）（下線筆者）

二　その有価証券の譲渡に係る原価の額

Q3-12 みなし配当の計算事例の基本

> みなし配当の計算事例の基本を教えてください。

Answer

簡単設例で解説すると下記のようになります。

【解 説】

みなし配当の計算事例の基本的な考え方を簡単設例を中心に説明します。

〈税務仕訳〉

　○譲渡損が発生するケース

（借方）現預金	××	（貸方）有価証券	××
株式譲渡損	××	受取配当金	××

　○譲渡益が発生するケース

（借方）現預金	××	（貸方）有価証券	××
		受取配当金	××
		株式譲渡益	××

この場合の有価証券勘定の貸方は株式の譲渡原価相当額を株式の帳簿価額から減額するという意味です。なお、源泉所得税に係る仕訳は省略しています。以降の各Q&Aにおける各みなし配当事由について、算式等は上記の仕訳に照らして考えます。計算方法は全て共通です。ただし、グループ法人税制が適用される場合を除きます。

Q3-13　みなし配当の簡単な計算手法

> みなし配当について現場でも簡単に計算できる手法を教えてください。

Answer

下記のようにエクセルで集計してください。

【解 説】

下記のような計算式をエクセル等で作成することが多いです。なれないうちは1株当たりで計算することをお勧めします。

○みなし配当と譲渡損益の計算（自己株式取得を例にとって）

　　金庫株による売却価額　　●●百万円…①

　　当該金庫株に対応する資本金等の額　　●●百万円…②

　　みなし配当金額　　●●百万円…③＝①－②

　　当該株主の当該株式取得価額　　●●百万円…④

　　株式譲渡損益　　●●百万円…⑤＝②－④

Q3-14　みなし配当のエクセル計算手法

> みなし配当の計算事例のエクセル計算方法を教えてください。

Answer

簡単設例で解説すると下記のようにエクセルで集計してください。

【解 説】

　下記の数値は全て仮値です。数字が入った状態は以下のようになります。これをエクセルに起こします。

〈数字が入った状態〉

資本金	3,000,000
資本積立金	0
発行済株式総数	60
今回売却する株式数	6
売却する株式の取得価額	300,000
売却価額	300,000

みなし配当	
売却価額	300,000
資本金等の金額×持分	300,000
差引	0

譲渡課税	
資本金等の金額×持分	300,000
売却する株式の取得価額	300,000
差引	0

（税務仕訳）

売却代金	300,000	みなし配当	0
株式譲渡損益	0	取得価額	300,000
		株式譲渡損益	0

　算式ベースで表示すると下記になります。

〈算式ベース〉

▲	A	B	C	D	E	F	G	H
1								
2		資本金	3000000					
3		資本積立金	0					
4		発行済株式総数	60					
5		今回売却する株式数	6					
6		売却する株式の取得価額	300000					
7		売却価額	300000					
8								
9		みなし配当						
10		売却価額	=C7					
11		資本金等の金額×持分	=C2*C5/C4					
12		差引	0					
13								
14		譲渡課税						
15		=B11	=C10					
16		=B6	=C6					
17		差引	0					
18								
19			（税務仕訳）					
20				売却代金	=C10	みなし配当	=C12	
21				株式譲渡損益	=C17	取得価額	=C6	
22						株式譲渡損益	=C17	
23								

Q3-15 配当を受けた側の税務上の取扱い

> みなし配当の租税法における計算規定について配当を受けた側の概略を教えてください。

Answer

まとめて整理すると下記になります。

【解 説】

みなし配当を受けた株主の税務上の取扱いの規定は下記です。

○個人…所得税法第25条第1項

【所得税法第25条第1項】

（配当等とみなす金額）

第25条 法人（法人税法第2条第六号（定義）に規定する公益法人等及び人格のない社団等を除く。以下この項において同じ。）の株主等が当該法人の次に掲げる事由により金銭その他の資産の交付を受けた場合において、その金銭の額及び金銭以外の資産の価額（同条第十二号の十五に規定する適格現物分配に係る資産にあっては、当該法人のその交付の直前の当該資産の帳簿価額に相当する金額）の合計額が当該法人の同条第十六号に規定する資本金等の額又は同条第十七号の二に規定する連結個別資本金等の額のうちその交付の基因となつた当該法人の株式又は出資に対応する部分の金額を超えるときは、この法律の規定の適用については、その超える部分の金額に係る金銭その他の資産は、前条第1項に規定する剰余金の配当、利益の配当、剰余金の分配又は金銭の分配とみなす。

一 当該法人の合併（法人課税信託に係る信託の併合を含むものとし、法人税法第2条第十二号の八に規定する適格合併を除く。）

二 当該法人の分割型分割（法人税法第2条第十二号の十二に規定する適格分割型分割を除く。）

三　当該法人の資本の払戻し（株式に係る剰余金の配当（資本剰余金の額の減少に伴うものに限る。）のうち分割型分割によるもの以外のもの及び出資等減少分配をいう。）又は当該法人の解散による残余財産の分配

四　当該法人の自己の株式又は出資の取得（金融商品取引法第2条第16項（定義）に規定する金融商品取引所の開設する市場における購入による取得その他の政令で定める取得及び第57条の4第3項第一号から第三号まで（株式交換等に係る譲渡所得等の特例）に掲げる株式又は出資の同項に規定する場合に該当する場合における取得を除く。）

五　当該法人の出資の消却（取得した出資について行うものを除く。）、当該法人の出資の払戻し、当該法人からの社員その他の出資者の退社若しくは脱退による持分の払戻し又は当該法人の株式若しくは出資を当該法人が取得することなく消滅させること。

六　当該法人の組織変更（当該組織変更に際して当該組織変更をした当該法人の株式又は出資以外の資産を交付したものに限る。）

○法人…法人税法第24条第1項

【法人税法第24条第1項】
（配当等の額とみなす金額）
第24条　法人（公益法人等及び人格のない社団等を除く。以下この条において同じ。）の株主等である内国法人が当該法人の次に掲げる事由により金銭その他の資産の交付を受けた場合において、その金銭の額及び金銭以外の資産の価額（適格現物分配に係る資産にあっては、当該法人のその交付の直前の当該資産の帳簿価額に相当する金額）の合計額が当該法人の資本金等の額又は連結個別資本金等の額のうちその交付の基因となった当該法人の株式又は出資に対応する部分の金額を超えるときは、この法律の規定の適用については、その超える部分の金額は、第23条第1項第一号又は第二号（受取配当等の益金不算入）に掲げる金額とみなす。
一　合併（適格合併を除く。）
二　分割型分割（適格分割型分割を除く。）

三　資本の払戻し（剰余金の配当（資本剰余金の額の減少に伴うものに限る。）のうち分割型分割によるもの以外のもの及び出資等減少分配をいう。）又は解散による残余財産の分配

四　自己の株式又は出資の取得（金融商品取引法第 2 条第16項（定義）に規定する金融商品取引所の開設する市場における購入による取得その他の政令で定める取得及び第61条の 2 第13項第一号から第三号まで（有価証券の譲渡益又は譲渡損の益金又は損金算入）に掲げる株式又は出資の同項に規定する場合に該当する場合における取得を除く。）

五　出資の消却（取得した出資について行うものを除く。）、出資の払戻し、社員その他法人の出資者の退社又は脱退による持分の払戻しその他株式又は出資をその発行した法人が取得することなく消滅させること。

六　組織変更（当該組織変更に際して当該組織変更をした法人の株式又は出資以外の資産を交付したものに限る。）

Q3-16　みなし配当金額について留保所得金計算に係る課税実務上の留意点

> みなし配当金額について留保所得金額計算に係る留意点を教えてください。

Answer

下記となります。

【解 説】

法人税法第67条（特定同族会社の特別税率）に規定する留保金額とは、所得等の金額のうち留保した金額（法法67③）とされています。自己株式については

1）自己株式取得が現実に資金流出を伴うもの

2）自己株式取得による支出金銭のうち、みなし配当金額相当額は利益積立金額を減算し留保されたものとはなりません。したがって、所得金額のうち留保された金額には含まれないもの

と考えられます。

利益積立金に係る計算上の減算タイミングは、自己株式取得の効力発生日となります。実際取得した事業年度に係る所得金額から流出されたものとして処理するのが妥当です。平成15年12月16日付課法2－22では法人税基本通達の一部改正について、16－1－6（期末利益積立金額）において「…利益の配当又は剰余金の分配（みなし配当を含む。）…」とされたことからも明らかです。

Q3-17 自己株式取得に係る購入手数料とみなし配当

> 自己株式取得に係るみなし配当について、1）購入手数料がない
> ケース2）購入手数料があるケースとの相違を教えてください。

Answer

2）購入手数料があるケース（上場会社の TOB、立会外分売等）は中小・零細企業において考慮不要のため説明は割愛します。

【解 説】

〈設例〉

（前提）「購入手数料がないケース」

・相対取引により自己株式を1株当たり6,800円で50株取得

・取得価額は会社仕訳では株主資本の控除項目としている。

・取得直前の取得資本金額は1株当たり5,600円

【別表四】

区分	総額	処分		
		留保	社外流出	
	①	②	③	
当期利益			配当	60,000
			その他	
加算				
減算				
所得金額				

【別表五（一）】

Ⅰ　利益積立金額の計算に関する明細書			
区分	期首現在利益積立金額	当期の増減		差引翌期首現在利益積立金額 ①－②＋③
	①	減 ②	増 ③	④
自己株式			△340,000	△340,000
資本金等の額			280,000	280,000

Ⅱ　資本金等の額の計算に関する明細書			
区分	期首現在資本金等の額	当期の増減		差引翌期首現在資本金等の額 ①－②＋③
	①	減 ②	増 ③	④
資本金				
資本準備金				
利益積立金額			△280,000	△280,000
差引合計額			△280,000	△280,000

　租税法で認識されるみなし配当額60,000円については、利益積立金額から減算します。総額340,000円からみなし配当となる60,000円を控除した280,000円は資本金等の額から減算します。

　※みなし配当の計算式

　（6,800円－5,600円）×50株＝60,000円

　一方、「購入手数料があるケース」は中小・零細企業実務では考慮しません。上場企業が公開買付け（TOB）等々により買い取る事例が該当します。本書では割愛します。

Q3-18 みなし配当の適用がない譲渡、若しくはある譲渡には該当するが、計算上みなし配当金額が算出されない具体的計算事例

みなし配当の適用がない譲渡、若しくはみなし配当の適用がある譲渡には該当するが、計算上みなし配当金額が算出されない場合について具体的な処理例を教えてください。

Answer

　下記となります。

【解　説】

　みなし配当の適用がない譲渡、若しくはみなし配当の適用がある譲渡で計算上みなし配当金額が算出されない場合、有価証券の譲渡により交付を受けた金銭等の額の全額について、有価証券の譲渡対価として、譲渡損益を計算します。

〈設例〉

（前提）

・当法人はA社に対し相対取引によりA社株式100株につき1株当たり52,000円で譲渡。

・当該譲渡に関し、A社から1株当たりのみなし配当金額は16,000円である旨の通知を受領。

・A社株式の譲渡直前の当社における1株当たり帳簿価額は40,000円。

　この場合の税務仕訳は下記となります。

　（借方）現預金　　　　　52,000　　　（貸方）有価証券　　　40,000

　　　　　有価証券譲渡損　4,000　　　　　　　受取配当金　16,000

　52,000円から、みなし配当の金額16,000円を差し引いた金額36,000円が
1株当たりの株式譲渡対価です。

　なお、こういったケースにおいて、法人が「受取配当金」を計上せず、
会社決算上、譲渡益の仕訳をきった場合、結果として当期利益には影響し
ませんが、総額仕訳での配当の金額が16,000円、純額仕訳での譲渡益の金
額が12,000円となるため、受取配当等の益金不算入の計算を誤ります。

　（借方）現預金　　　　　　52,000　　（貸方）有価証券　　　　　40,000
　　　　　　　　　　　　　　　　　　　　　　　有価証券譲渡益　12,000

　すなわち、上記の譲渡益仕訳の場合、税会不一致が生じます。申告調整
が必要です。

Q3-19　平成27年度税制改正による地方税法の改正の影響

平成27年度税制改正による地方税法の改正の影響について教えてください。

Answer

下記となります。

【解　説】

平成27年度税制改正により、法人住民税均等割の税率区分の基準である資本金等の額について、資本金に資本準備金を加えた額を下回る場合、法人住民税均等割の税率区分の基準となる額を資本金に資本準備金を加えた額（又は出資の額）とする改正が行われました（地法52④）。適用時期は、平成27年4月1日以後に開始する事業年度です。

　　法人住民税均等割の税率区分の基準である資本金等の額＜資本金の額
　　＋資本準備金の額
　　　⇒法人住民税均等割の税率区分の基準となる額を、資本金の額＋資本準備金の額とする

自己株式を取得すると、法人税法上の資本金等の額は減少します。したがって、上記算式の左辺は減少します。

しかし、自己株式を取得するとき、資本金や資本剰余金を減少することは通常ありません。したがって、右辺は変わりません。その結果左辺が右辺を下回ることになります。

法人住民税均等割の税率区分の基準となる額は右辺の資本金の額に資本準備金の額を加えた額となります。法人住民税均等割の税率区分の基準となる額は従前のまま変わらないということです。

（補足）

　法人住民税均等割の税率は、地方税法上の資本金等の額によって区分されます。当該区分の基準である資本金等の額の定義は、法人税法上の資本金等の額を基本に、次に定める額を加減算することとされています（地法23〔1〕四の五、地令6の24、地令6の25、地則1の9の4、地法292〔1〕四の五、地令45の4、地令45の5、地則9の19）。

(1)　加算するもの…平成22年4月1日以後に行われた無償増資の額

(2)　減算するもの

　　〔1〕平成13年4月1日から平成18年4月30日までの間（旧商法適用期間）に行われた無償減資による欠損補てん額

　　〔2〕平成18年5月1日以後（会社法適用期間）に行われた資本金又は資本準備金の減少によって発生したその他資本剰余金による欠損補てん額

　当該計算式によって計算された「地方税法上の資本金等の額＜資本金の額＋資本準備金の額」である場合には、「資本金の額＋資本準備金の額」を、地方税法上の資本金等の額とすることとされています（地法52〔4〕、地令8の5、地法312〔6〕、地令48の2）。

　自己株式を取得することにより、法人税法上の資本金等の額は減少します。したがって上掲不等式の左辺が減少します。

　一方、自己株式を取得するときに、会計上の資本金や資本準備金を減少することは通常ありません。その結果、右辺は変わらず、上掲不等式の左辺が右辺を下回ります。

　この場合、法人住民税均等割の税率区分の基準となる額は、上掲不等式の右辺にあるように、資本金と資本準備金の合計額となります。したがって法人住民税均等割の税率区分の基準となる額は従前のまま変わらないということになります（平成27年度改正前は、法人税法上の資本金等の額と地方税法上の資本金等の額が一致していたので、均等割額が下がるケースがありましたが、改正後は直ちに下がることはありません）。

（補足資料）

均等割の税率区分の基準となる「資本金等の額」チェックポイント
◇平成27年4月1日以後に開始する事業年度用◇

　このチェックポイントは、平成27年4月1日以後に開始する計算期間の均等割を申告する際に、資本金等の額について確認していただくことを目的としたものです。

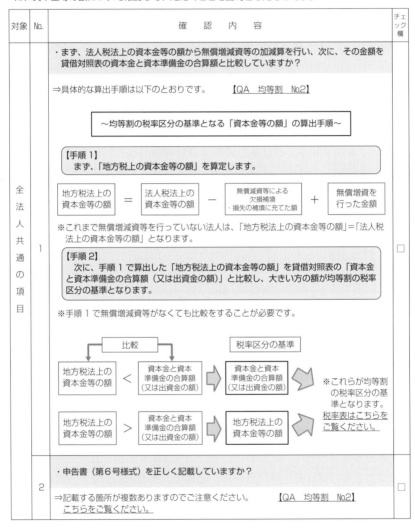

対象	No.	確　認　内　容	チェック欄
全法人共通の項目	1	・まず、法人税法上の資本金等の額から無償増減資等の加減算を行い、次に、その金額を貸借対照表の資本金と資本準備金の合算額と比較していますか？ ⇒具体的な算出手順は以下のとおりです。　【QA　均等割　No.2】 〜均等割の税率区分の基準となる「資本金等の額」の算出手順〜 【手順1】 　まず、「地方税法上の資本金等の額」を算定します。 地方税法上の資本金等の額　＝　法人税法上の資本金等の額　−　無償減資等による欠損補填・損失の補填に充てた額　＋　無償増資を行った金額 ※これまで無償増減資等を行っていない法人は、「地方税法上の資本金等の額」＝「法人税法上の資本金等の額」となります。 【手順2】 　次に、手順1で算出した「地方税法上の資本金等の額」を貸借対照表の「資本金と資本準備金の合算額（又は出資金の額）」と比較し、大きい方の額が均等割の税率区分の基準となります。 ※手順1で無償増減資等がなくても比較をすることが必要です。 比較　　　税率区分の基準 地方税法上の資本金等の額　＜　資本金と資本準備金の合算額（又は出資金の額）　⇒　資本金と資本準備金の合算額（又は出資金の額）　⇒　※これらが均等割の税率区分の基準となります。税率表はこちらをご覧ください。 地方税法上の資本金等の額　＞　資本金と資本準備金の合算額（又は出資金の額）　⇒　地方税法上の資本金等の額	☐
	2	・申告書（第6号様式）を正しく記載していますか？ ⇒記載する箇所が複数ありますのでご注意ください。　　【QA　均等割　No.2】 こちらをご覧ください。	☐

これまで無償増減資等を行った法人は、以下の項目もチェックしてください。

対象	No.	確　認　内　容	チェック欄
無償減資等を行った法人の項目	3	・平成13年4月1日から平成18年4月30日までの間に行った減資等による資本の欠損塡補の金額を法人税法上の資本金等の額から減算する場合、欠損塡補の金額を超えて減算していませんか？ ⇒当該欠損塡補に充てた金額が上限となります。　【QA　均等割　No.4】	☐
	4	・平成18年5月1日以後に損失の塡補に充てた金額を、法人税法上の資本金等の額から減算する場合、損失の塡補に充てた金額を超えて減算していませんか？ ⇒当該損失の塡補に充てた金額が上限となります。　【QA　均等割　No.4】	☐
	5	・No.4による減算を行う場合、その損失の金額は、その他利益剰余金のマイナスの金額ですか？ ⇒損失とは、損失の塡補に充てた日における確定した決算書の、その他利益剰余金のマイナスの金額であり、繰越利益剰余金の金額とは異なる場合があります。 【QA　均等割　No.4】	☐
	6	・その他資本剰余金による損失の塡補の金額を法人税法上の資本金等の額から減算する場合、損失の塡補に充てたその他資本剰余金は、1年以内に減資や準備金の減少により計上したものですか？ ⇒減算できる金額は、損失の塡補に充てた日以前1年間において資本金又は準備金を減少し、その他資本剰余金として計上したものに限られます。【QA　均等割　No.4】	☐
	7	・No.3又はNo.4による減算を行う場合は、その事実及び金額を証する書類を添付しましたか？ ⇒株主総会議事録、取締役会議事録、登記事項証明書、貸借対照表、株主資本等変動計算書、損失処理案（承認済みのもの）、損益計算書、債権者に対する異議申立の公告、官報の抜粋等の添付が必要です。　　【QA　均等割　No.5】	☐
	8	・被合併法人が合併前に資本の欠損塡補等に充てた金額を、法人税法上の資本金等の額から減算していませんか？ ⇒合併前に無償減資による資本の欠損塡補等を行った法人が被合併法人となる適格合併が行われた場合に、合併法人はその額を減算することはできません。 【QA　均等割　No.7】	☐
無償増資を行った法人の項目	9	・無償増資（利益の資本組入れ）を行った場合、無償増資の金額を資本金等の額に加算していますか？ ⇒平成22年4月1日以後に利益準備金又はその他利益剰余金による無償増資を行った場合、当該増資相当額を法人税法上の資本金等の額に加算します。 【QA　均等割　No.9】	☐

（出典：東京都主税局　https://www.tax.metro.tokyo.lg.jp/kazei/info/kintouwari-checkpoint.html）

Q3-20　株主が保有株式譲渡の対価に発行会社不動産を取得【原則処理：税制非適格：法人株主の場合】

> 　株主が保有株式を発行会社に譲渡しました。当該対価としてその発行会社所有の不動産につき取得した場合、当該株主の税務処理について教えてください。

Answer

　株主が発行会社の自己株式取得の対価として金銭以外の資産の交付を受けた場合、すなわち税制非適格現物分配に該当した場合、原則として当該資産を時価により取得したものとして税務処理を行います。

　しかし、発行会社と完全支配関係のある法人株主のみが、同じくその対価として金銭以外の資産の交付を受けた場合、すなわち税制適格現物分配の場合には、その交付を受けた資産を発行会社（現物分記法人）の適格現物分配直前の帳等価額により取得したものとして税務処理を行います。

【解 説】

　法人税法上、発行会社が株主に自己株式取得の対価として金銭以外の資産の交付をすることは、現物分配に該当します（法法2十二の五の二）。

　株主が発行会社の自己株式取得の対価として金銭以外の資産の交付を受けた場合、すなわち現物分配の場合、法人税法上は原則として当該交付を受けた資産を時価により取得したものとして税務処理します（法基通7-3-16の2、法令540六）。

　それ以外は通常の課税関係が生じます。法人株主が譲渡した株式の対価として交付を受けた資産の時価のうち、発行会社の資本金等の額のその譲渡した株式に対応する部分を超える額は、法人株主が発行会社から受けた配当とみなされます（法法24①五）。法人株主においては当該みなし配当

の額のうち一定の金額は一定の要件を満たすことにより、益金不算入とすることができます（法法24①五、23①、⑧）。

　交付を受けた資産の時価の、みなし配当以外の部分から、法人株主が譲渡した発行会社の株式の帳簿価額を控除した金額は、当該株式の譲渡損益です（法法61の2①）。

〈設例〉

・帳簿価額80,000,000円の株式を発行会社に譲渡

・時価70,000,000円の土地を取得

・資本金等の額は60,000,000円

〈税務仕訳〉

| 土地 | 70,000,000 | / | みなし配当＝受取配当 | 10,000,000 |
| 有価証券譲渡損 | 20,000,000 | / | 有価証券 | 80,000,000 |

※みなし配当の金額　70,000,000－60,000,000＝10,000,000

※譲渡収入金額　70,000,000－10,000,000＝60,000,000

※有価証券譲渡損　60,000,000－80,000,000（帳簿価額＝譲渡原価）

　＝△20,000,000

Q3-21 交付資産の時価と譲渡株式の時価に差がある場合【原則処理：税制非適格：法人株主の場合】

株主が保有株式を発行会社に譲渡しました。譲渡対価として交付を受けた資産の時価と、譲渡した株式の時価との間に差がある場合について、当該株主の税務処理について教えてください。

Answer

差額について合理的理由がない場合、寄付金・受贈益の課税関係が生じます。

【解 説】

法人株主が株式を発行会社に譲渡し、対価として金銭以外の資産の交付を受ける場合についてです。この際、発行会社から譲渡対価として交付を受けた資産の時価と当該株式の時価との間に差額がある場合には、当該差額につき経済的理由がないと認められる時において、当該差額については法人株主における受贈益の認識、又は収益の額の収受と寄附金の額の支出として処理される場合があります（法法22②、37②等）。

Q3-22　交付資産の時価と譲渡株式の時価に差がある場合【原則処理：個人株主の場合】

> 　株主が保有株式を発行会社に譲渡しました。譲渡対価として交付を受けた資産の時価と、譲渡した株式の時価との間に差がある場合について、当該株主の税務処理について教えてください。

Answer

　従来までの解説とかわりません。

【解 説】

　個人株主が自己株式の取得をした場合、当該対価として発行会社から現物分配に当たる資産の交付を受けた場合には、譲渡の対価として得た資産の時価相当額は、①みなし配当とされる部分と②それ以外の部分に区分計算されることになります。このうち①は配当所得の収入金額となります。そして②の部分は譲渡所得等の総収入金額となります（所法25、措法37の10③柱書かっこ書及び同五）

Q3-23 現物分配を受けた法人株主が保有株式譲渡の対価として発行会社不動産を取得【税制適格：法人株主の場合】

　発行会社と完全支配関係のある法人株主のみが現物分配を受けた場合における、「株主が保有株式を発行会社に譲渡し、当該対価としてその発行会社所有の不動産につき取得した場合」の当該株主の税務処理について教えてください。

Answer

　内国法人が行う現物分配のうち、当該現物分配により資産の移転を受ける者が、現物分配の直前において、当該内国法人との間に完全支配関係のある内国法人のみであるものは、適格現物分配に該当します（洗法2十二の十五）。

　この場合、法人株主は完全支配関係のある会社の株式を発行会社に譲渡することになります。こういった適格現物分配に固有の取扱いとして、次の１～３の規定が設けられています。

【解 説】

　こういった適格現物分配に固有の取扱いとして、次の１～３の規定が設けられています。

1　交付を受けた資産の取得価額について

　適格現物分配により発行会社より資産の交付を受けた法人株主は、当該交付を受けた資産を発行会社の適格現物分配直前の帳簿価額により取得したものとされます（法令123の6①）。

2　みなし配当の益金不算入について

　法人株主が適格現物分配により資産の交付を受けたことにより生じる収益の額は、益金の額に算入しません（法法62の5④）。

　適格現物分配においては、法人税法第24条第1項柱書のかっこ書と同4号により、適格現物分配をする発行会社の、当該適格現物分配直前の税務上の帳簿価額が、発行会社の資本金等の額のうち、その譲渡した株式に対応する部分を超える場合のその超える額は、発行会社からの配当の額とみなされます。なお、超えない場合には、配当とみなされる金額はゼロになります。そして、その超える額であるみなし配当の額は、法人税法第23条第1項のカッコ書により、同項が適用される配当には含まれません。したがって、同条による益金不算入の対象とはされません。そして、法人税法62条の5第4項の規定により、全額が益金不算入とされます。

3　株式をその発行法人に譲渡して適格現物分配を受けた法人の税務仕訳について

　適格現物分配により交付された資産は、上掲1の取得価額、つまり、その交付直前の現物分配法人である株式発行会社の税務上の帳簿価額を基礎として上掲2の通りみなし配当の額は計算されます。当該みなし配当を含む適格現物分配が益金の額に算入されないと定められている（法法62の5④）ため、下記のような税務処理になります。

　実務上の税務処理の考え方として、①単に発行法人に譲渡した株式の帳簿価額が現物分配された資産を有していた発行法人の帳簿価額に入れ替わること、②みなし配当に相当する金額をそのまま利益積立金額の増とすることを先に処理し、その仕訳差額をすべて資本金等の増減として処理します。

（貸方）

（Step 1 ）①　発行法人に譲渡した株式の減少について…その税務上の

　　　　　　帳簿価額で計上する

（Step 2 ）②　利益報立金額の増加額…上掲 **2** のみなし配当の額（法令
　　　　　　9 ①4 かっこ書）を単純転記

（借方）

（Step 3 ）③　適格現物分配された資産の増加額…現物分配法人の税務
　　　　　　上の帳簿価額で計上

（Step 4 ）④　資本金等の額…上掲①＋②－③（法令 8 ①22）…マイ
　　　　　　ナスになる場合（貸方）もあります。差額概念となり
　　　　　　ます。

（設例）

　　株式会社Ｓは、完全支配関係にある株式会社Ｐのみから自己株式を
30,000株取得し、対価として土地（時価180,000,000円、帳簿価額
135,000,000円）を交付しました。Ｓ社株式の 1 株当たり資本金等の額は
3,000円、Ｐ社のＳ社株式の 1 株当たり帳簿価額は12,000円です。

　　法人株主Ｐ社の会計処理は下記のとおりです。

　　発行会社（Ｓ社）が、親会社である法人株主（Ｐ社）から金銭以外の
資産を対価として自己株式を取得することから、Ｐ社の会計上はＳ社
株式と交付を受けた土地を引き換えたものとして処理します。この場
合において、Ｐ社が譲渡したＳ社株式の対価として交付を受けた土地
は、Ｓ社の帳簿価額135,000,000円により計上し、交付を受けた土地の
取得価額と譲渡したＳ社株式の帳簿価額120,000,000円の差額15,000,000
円は、有価証券譲渡益として計上します。

　　以上により、法人株主Ｐ社の会計処理は、次のようになります。

　　土地　　　　　　135,000,000　／　Ｓ社株式　　　120,000,000
　　　　　　　　　　　　　　　　　／　有価証券売却益　15,000,000

一方で法人株主Ｐ社の税務処理は下記のとおりです。

土地	135,000,000	/	Ｓ社株式	120,000,000
資本金等の額	30,000,000	/	みなし配当	45,000,000

※利益積立金に加算する金額、すなわち、みなし配当に相当する
金額の計算については下記のとおりとなります。

みなし配当の額＝135,000,000円（土地帳簿価額）－3,000円（Ｓ社
の1株当たり資本金等の額）×30,000株＝45,000,000円

　当該金額は、益金不算入（法法62の5④）であり、かつ利益積
立金額へ加算（法令9①四）が必要です（税会不一致の申告調整）。

※資本金等の額から減額する金額の計算（法令8二十）

45,000,000円（みなし配当の額）＋120,000,000円（＝Ｓ社株式の帳
簿価額）－135,000,000円（土地の帳簿価額）＝30,000,000円

税会不一致の税務修正仕訳は下記のとおりです。

有価証券売却益	15,000,000	/	みなし配当	45,000,000
資本金等の額	30,000,000			

(2) 消却・処分・譲渡

Q3-24　自己株式消却についての具体的計算事例

自己株式消却について具体的な処理例を教えてください。

Answer

下記となります。

【解説】

　会計上、自己株式が消却されます。租税法では、自己株式取得時における別表五（一）に係る利益積立金額の計算に関する明細書で計上されていた自己株式について、会計上の帳簿価額を消却する処理が必要となります。

〈設例1〉

（前提）

・会計上の帳簿価額と税務上の帳簿価額は同一。

・当法人は自己株式500株所有。その全部について消却することを決定。

・消却直前の自己株式帳簿価額は256,000円。

・自己株式消却に際し、その他資本剰余金256,000円減算。

・消却直前の自己株式の税務上の帳簿価額は、別表五（一）の期首欄にある△256,000円。

【別表五（一）】

Ⅰ　利益積立金額の計算に関する明細書			
区分	期首現在 利益積立金額	当期の増減		差引翌期首現在 利益積立金額 ①－②＋③
		減	増	
	①	②	③	④
自己株式	△256,000		256,000	
資本金等の額	256,000	256,000		

Ⅱ　資本金等の額の計算に関する明細書			
区分	期首現在 資本金等の額	当期の増減		差引翌期首現在 資本金等の額 ①－②＋③
		減	増	
	①	②	③	④
資本金				
資本準備金		256,000		△256,000
利益積立金額	△256,000		256,000	
差引合計額	△256,000	256,000	256,000	△256,000

　このようなケースでは、

・取得時に計上した別表五（一）の利益積立金額の計算に関する明細書
　で計上していた自己株式を消却

・同額について資本金等の額の調整

・資本金等の額の計算に関する明細書の利益積立金額欄に

・同額を記載

するのみです。

〈設例2〉

　（前提）

　・帳簿価額とみなし配当金額は不一致

　・当法人は自己株式500株所有。その全部について消却することを決
　　定

・消却直前の自己株式の会計上の帳簿価額は320,000円

・自己株式消却に際し、その他資本剰余金を減算

・税務上は、自己株式取得時にみなし配当金額64,000円を利益積立
　金額から減算する処理が行われていた。

【別表五（一）】

区分	I 利益積立金額の計算に関する明細書			
	期首現在 利益積立金額	当 期 の 増 減		差引翌期首現在 利益積立金額 ①－②＋③
		減	増	
	①	②	③	④
自己株式	△320,000		320,000	
資本金等の額	256,000	320,000		△64,000

区分	II 資本金等の額の計算に関する明細書			
	期首現在 資本金等の額	当期の増減		差引翌期首現在 資本金等の額 ①－②＋③
		減	増	
	①	②	③	④
資本金				
資本準備金		320,000		△320,000
利益積立金額	△256,000		320,000	64,000
差引合計額	△256,000	320,000	320,000	△256,000

このようなケースでは、

・会計上自己株式が消却してなくなった

・自己株式取得時に別表五（一）の利益積立金額の計算に関する明細書
　で計上していた自己株式の会計上の帳簿価額を

・消去

すればよいことになります。

Q3-25　自己株式譲渡についての具体的計算事例

自己株式譲渡について具体的な処理例を教えてください。

Answer

下記となります。

【解 説】

（前提）

・当法人は自己株式を譲渡

・譲渡直前の会計上の帳簿価額は64,000円

・譲渡対価は66,400円

・税務上は、取得時にみなし配当9,600円が生じていたため、利益積立金額9,600円及び資本金等の額54,400円を減少させていた。

【別表五（一）】

区分	I　利益積立金額の計算に関する明細書			
	期首現在 利益積立金額	当 期 の 増 減		差引翌期首現在 利益積立金額 ①-②+③
		減	増	
	①	②	③	④
自己株式	△64,000		64,000	
資本金等の額	54,400	64,000		△9,600

	Ⅱ　資本金等の額の計算に関する明細書			
区分	期首現在資本金等の額	当期の増減		差引翌期首現在資本金等の額①－②＋③
		減	増	
	①	②	③	④
資本金				
資本準備金			2,400	2,400
利益積立金額	△54,400		64,000	9,600
差引合計額	△54,400		64,000	12,000

　上記の前提に従い会社仕訳をきります。

〈会社仕訳〉

　（借方）現預金　　66,400　　（貸方）自己株式　　　　64,000

　　　　　　　　　　　　　　　　　　　自己株式処分益　2,400

　税会不一致を調整したのが、上記申告書雛形です。

Q3-26　自己株式の処分手続

> 自己株式の処分手続について教えてください。

Answer

　自己株式を取得した株式会社は、原則として株主総会の特別決議により、その自己株式を処分することができます。会社法上、自己株式の処分は新株の発行と同様の手続になります。

【解 説】

　自己株式の処分手続の原則については下記の通りとなります。

1　株主総会の特別決議

　自己株式の処分は、会社法上は新株の発行と同様の手続になります。株式会社が自己株式を処分する場合、原則として株主総会の特別決議により、次に掲げる募集事項を定める必要があります（会社法199①②、309②五）。

① 　処分する自己株式の数（種類株式発行会社は、処分する自己株式の種類及び数）

② 　処分する自己株式の処分価額又はその算定方法

③ 　金銭以外の財産をもって処分対価の払込みをさせるときは、その旨並びに当該財産の内容及び価額

④ 　処分する自己株式と引換えにする金銭の払込み又は金銭以外の財産の給付の期日又はその期間

2　有利な価額による処分の場合

　処分価額が自己株式を譲り受ける者に特に有利な金額である場合には、取締役は、上掲1の株主総会において、その処分価額で自己株式を処分

する理由を説明しなければなりません（会社法199③）。

（参照）

【法人税基本通達２－３－７】

（通常要する価額に比して有利な金額）

２-３-７　令第119条第１項第４号《有利発行により取得した有価証券の取得価額》に規定する「払い込むべき金銭の額又は給付すべき金銭以外の資産の価額を定める時におけるその有価証券の取得のために通常要する価額に比して有利な金額」とは、当該株式の払込み又は給付の金額（以下２－３－７において「払込金額等」という。）を決定する日の現況における当該発行法人の株式の価額に比して社会通念上相当と認められる価額を下回る価額をいうものとする。

（注）

1　社会通念上相当と認められる価額を下回るかどうかは、当該株式の価額と払込金額等の差額が当該株式の価額のおおむね10％相当額以上であるかどうかにより判定する。

2　払込金額等を決定する日の現況における当該株式の価額とは、決定日の価額のみをいうのではなく、決定日前１月間の平均株価等、払込金額等を決定するための基礎として相当と認められる価額をいう。

Q3-27 自己株式処分に係る会計処理と税務処理

自己株式の処分に係る会計処理及び税務処理について教えてください。

Answer

会社法上、自己株式の処分は新株の発行と同様の手続になります。税務もそれに従います。

【解 説】

自己株式の処分の会計処理は下記の通りとなります。

自己株式の処分は資本取引です。自己株式処分差損益は売却損益と認識はしません。純資産の部のその他資本製余金の額を直接増減します。

(1) 自己株式処分差益が生じる場合

現金預金 　　○○ ／ 自己株式 ○○

　　　　　　　　　 ／ その他資本剰余金（自己株式処分差益）○○

(2) 自己株式処分差損が生じる場合

現金預金 　　　　　　　　　　○○ ／ 自己株式 　　○○

その他資本剰余金（自己株式処分差損）○○

これら自己株式処分差益と自己株式処分差損は、会計年度単位で相殺します。期末時点において、その他資本剰余金をもって自己株式処分差損を補填できない場合、当該補填できない部分の金額相当額については、その他利益剰余金、又は繰越利益剰余金から控除します。

自己株式の処分の税務処理は下記の通りとなります。

税務上は、処分価額に相当する資本金等の額の増加になります（法令8①一）。新株発行と同様です。

現金預金　　　　○○　／　資本金等の額　　○○

（設例）

　当社は、前期に15,000,000円（取得資本金額3,000,000円）で取得した自
己株式を18,000,000円で処分した。

　会計処理については下記の通りとなります。

現金預金　18,000,000　／　自己株式　　　　　　　　　　15,000,000

　　　　　　　　　　　／　その他資本剰余金（自己株式処分差益）3,000,000

　税務処理については下記の通りとなります。

現金預金　18,000,000　／　資本金等の額　18,000,000

　税会不一致が生じますので申告調整のための税務調整仕訳をきるこ
とになります。

自己株式　　　　　　　　　15,000,000　／　資本金等の額　18,000,000

その他資本剰余金（自己株式処分差益）　3,000,000

Q3-28　自己株式処分に係る消費税

> 自己株式の処分に係る消費税について教えてください。

Answer

消費税の課税関係は生じません。

【解説】

1　自己株式を取得した場合の消費税

「課税仕入れ」とは、事業として他の者から資産の譲受付等を受けることをいい、当該他の者が事業としてその資産を譲渡等した場合に課発資産の譲渡等に該当するものに限られます（消法2①十二）。

株式会社が自己株式の取得のため、株主からその株式の護渡を受けた場合、その会社の消費税の取扱いを検討するにあたり、株式の取得がその株主において「課税資産の譲渡等」に該当するかどうかを検討します。これにつき法人が自己株式を取得する場合、株主からその発行法人への株式の譲渡は、資産の譲渡等に該当しないこととされています（消基通5-2-9）

2　自己株式を処分した場合の消費税

株式会社が自己株式を処分する場合、会社法上は新株発行と同様の手続が行われ、株式の譲渡とは認識されないことから、その株式の処分は消費税の課税関係は生じません（消基通5-2-9）。

（参照）

　自己株式の取扱い

【照会要旨】

　法人が株主に金銭を交付して自己株式を取得する場合、当該株主からの株式の引渡しは資産（有価証券）の譲渡等に該当するのでしょうか。

　また、この法人が取得した自己株式を処分する場合の他の者への株式の引渡しはどうなるのでしょうか。

【回答要旨】

　法人が自己株式を取得する場合（証券市場での買入れによる取得を除きます。）における株主から当該法人への株式の引渡しは、資産の譲渡等に該当しません。

　また、法人が自己株式を処分する場合における他の者への株式の引渡しも同様に、資産の譲渡等に該当しません（基通5－2－9）。

【関係法令通達】

　消費税法第2条第1項第8号、消費税法基本通達5－2－1、消費税法基本通達5－2－9

Q3-29　失権株とみなし贈与

失権株とみなし贈与について教えてください。

Answer

下記の通りです。

【解 説】

　同族会社の新株発行に伴う失権株に係る新株発行が行われなかった結果、新株発行割合（新株発行前の当該同族会社の発行済株式総数に対する新株発行により引受けのあった新株の総数割合）を基準として、その割合を超えた割合で新株を引き受けることになった者があるときは、その者のうち失権株主の親族等については、当該失権株の発行が行われなかったことにより受けた利益の総額のうち、決められた計算式により算出した金額に相当する利益をその者の親族等である失権株主のそれぞれから贈与によって取得したものとして取り扱われることになります。

　失権株になってしまった部分を再募集しないですますこともできます。増資株数が予定株数に満たないまま、切捨て増資として完了した場合、失権株が再発行した場合に受けたであろう利益の総額を計算して、その金額に相当する額が失権株主からの贈与とみなされます。

　計算式は

①　その者が受けた利益の総額

②　親族等である失権株主それぞれから贈与により取得したものとする
　　権利の金額等

に分けて計算をします。

　「同族会社の発行済株式」の総数には、当該同族会社の保有する自己株式の数は含まれないことに注意が必要です。

Q3-30　優先株式と普通株式の間の無償割当てと自己株式処分

> 優先株式と普通株式の間で転換割合の調整条項がなき状態での無償割当てと自己株式の処分について教えてください。

Answer

　転換割合の調整条項なき場合においての株式の無償割当ては、優先株式と普通株式を有する他の株主である乙社に対して「損害を及ぼすおそれがないと認められる場合」に該当しません。無償割当てにより取得した株式は、時価をもって取得価額とすべきものとなり、時価相当額の受贈益を認識すべきものとなります。

【解　説】

（設例）

　当社は、甲社の優先株式400株及び普通株式200株を保有しております。その他の甲社株式は、乙社が普通株式400株を保有し、A社が優先株式200株を自己株式として保有しています。この度A社は、甲社が保有する優先株式1株に対して0.5株の無償割当てを実施して、自己株式を処分します。

　なお、優先株式と普通株式の間で転換割合の調整条項はありません。

　この場合において甲社は、無償割当てされた株式の取得価額を零とすべきか、それとも時価とすべきでしょうか。

【回答】

　株式無償割当てとは、株式会社が株主に対して新たに払込みをさせないで当該株式会社の株式の割当てをすることをいいます（会社法185条）。当該株式会社以外の株主の有する株式の数に応じて株式を割り当てることです（会社法186条〔2〕）。

　法人税法においては、法人がその株主に対して新たな金銭の払込み又は金銭以外の資産の給付をさせないで当該法人の株式又は新株予約権を交付することを株式等無償交付といいます。この株式等無償交付により取得した株式又は新株予約権の取得価額は、ゼロです。（法令119〔１〕三）。

　株式等無償交付の場合で、他の株主等に損害を及ぼすおそれがないと認められる場合を除き、有利発行により株式を取得した場合と同様に、その時におけるその株式の取得のために通常要する価額（＝時価）をもって取得価額を認識します（法令119〔１〕四）。そして時価相当額については受贈益課税がされることとなります（法法22〔２〕）。

　この場合の「他の株主等に損害を及ぼすおそれがないと認められる場合」とは、株主等である法人が有する株式の内容及び数に応じて株式又は新株予約権が平等に与えられ、かつ、その株主等とその内容の異なる株式を有する株主等との間においても経済的な平等が維持される場合をいうこととされています（法基通２－３－８）。

　例えば２以上の種類の株式を発行している場合で、１の種類の株式を対象に新株の無償交付が行われ、他の種類の株式について転換割合の調整条項がない場合などの理由により他の種類の株式の価値が低下する場合は、「他の株主等に損害を及ぼすおそれがないと認められる場合」には該当しません（国税庁 HP 質疑応答事例、法人税、法人税法施行令第119条第１項第４号の「他の株主等に損害を及ぼすおそれがある場合」について）。

　なお、他の株主等に損害を及ぼすおそれがあるかどうかは、会社法322条の決議があったか否かという形式基準のみをもって判定するわけではありません。当該発行法人の各種類の株式の内容、当該新株予約権無償割当ての状況などを総合的に勘案して判定します（法基通２－３－８（注））。

　A 社は、甲社の保有する優先株式１株に対して0.5株の無償割当てを実施して自己株式を処分することから、無償割当てが優先株式に対してのみ行われることになります。この無償割当てが他の株主である乙社に「損害を及ぼすおそれがないと認められる場合」に該当しないと、甲社は無償割当てにより取得した優先株式の取得価額を時価とすべきこととなります。

　優先株式のみに無償割当てすることは、優先株式が優先配当を受ける権利

を有する場合に、無償割当てを行うことで優先株主はより多くの優先配当を受けることができますが、これは普通株主の配当を減少させて優先株主が利益を得ていることと同視できます。

　また、優先株式のみを対象に新株の無償交付が行われ株数が増加することは、相対的に普通株式の価値の低下につながります。普通株式の価値の低下を防止する転換割合の調整条項もないのであれば、普通株式の株主に損害を及ぼしていることと同視できます。

　今回のように転換割合の調整条項なき場合においての株式の無償割当ては、優先株式と普通株式を有する他の株主である乙社に対して「損害を及ぼすおそれがないと認められる場合」に該当しません。甲社の無償割当てにより取得した株式は、時価をもって取得価額とすべきものとなり、甲社において時価相当額の受贈益を認識すべきものとなります。

（3） グループ法人税制

Q3-31　グループ法人税制とみなし配当の留意点

> グループ法人税制とみなし配当について教えてください。

Answer

　下記となります。

【解説】

　平成22年度税制改正でグループ法人税制が導入されました。完全支配関係を有する法人間では資本等取引として損益の認識をせずに損益に相当する金額について資本金等の額を増減させて処理することとされました。これとの関係性は下記のように分類されます。

　1）
　　・税制非適格合併により
　　・被合併法人の株主に対して
　　・合併法人株式又は合併親法人株式以外の資産が交付された時は
　　・みなし配当の計算に加え
　　・被合併法人の株式の譲渡損益を計上すること
　　とされています（法法24①一、61の2①）。
　2）
　　・税制非適格分割型分割により
　　・分割法人の株主に対して
　　・分割承継法人株式又は分割承継親法人株式以外の資産が交付された時は
　　・みなし配当の計算に加え
　　・分割法人株式の譲渡損益の計上をすること
　　とされています（法法24①二、61の2④）。

3 ）

・資本の払戻しや残余財産の分配により

・金銭その他の資産が交付された時、

・みなし配当に加えて

・株式の譲渡損益を計上すること

とされています（法法24①四、61の 2 ⑱）。

4 ）

・自己株式の譲渡や出資の消却等に際して

・金銭その他の資産の交付を受けた場合

・又は組織変更により組織変更をした法人の株式又は出資以外の資産
　が交付された時

・みなし配当に加えて

・株式等の譲渡損益が計上されます。

　全て共通で、資産の価額（時価）から、みなし配当金額を控除した残額
が、株式譲渡対価額となります。各事由による株式譲渡原価となる金額と
の差額が譲渡損益です。

　ところが平成22年度改正でこの取扱いが変更がされました。

　法人税法第61条の 2 第16項で「内国法人が、所有株式を発行した他の内
国法人（当該内国法人との間に完全支配関係があるものに限ります。）の法人
税法第24条第 1 項各号に掲げる事由により金銭その他の資産の交付を受け
た場合又は当該事由により当該他の内国法人の株式を有しないこととなっ
た場合における第 1 項の規定の適用については、同項第 1 号に掲げる金額
は同項第 2 号に掲げる金額に相当する金額とする」旨の規定が追加されま
した。

　株式発行法人とその発行法人の株主である法人との間に完全支配関係が
ある場合、みなし配当事由に係る株式譲渡損益の計算においては、譲渡原
価金額を譲渡対価金額とすることにより、損益認識をしないこととなりま
した。

（原則）

　交付された金銭等の額からみなし配当相当額を控除した残額が株式の譲渡対価の額。

（グループ法人税制適用下）

　完全支配関係がある法人間では、譲渡原価金額を譲渡対価額とすることにより損益認識をしない。

　完全支配関係がある法人グループ間の損益取引について原則、損益取引について課税関係を認識しないように、資本取引についても課税関係を生じさせないようにしたという整合性をとった、という考え方です。

　譲渡損益相当額は、法人税法施行令第8条第1項第22号で「法第24条第1項各号に掲げる事由により当該法人との間に完全支配関係がある他の内国法人から金銭その他の資産の交付を受けた場合又は当該みなし配当事由に係る同項の規定により法第23条第1項第1号に掲げる金額とみなされる金額及び当該みなし配当事由に係る法第61条の2第17項の規定により同条の第1項第1号に掲げる金額とされる金額の合計額から当該金銭の額及び当該資産の価額の合計額を減算した金額に相当する金額」は資本金等の額を増減して調整します。

Q3-32　グループ法人税制とみなし配当について譲渡損益の考え方と仕訳例

> グループ法人税制とみなし配当について譲渡損益の基本的な考え方を教えてください。

Answer

下記となります。

【解 説】

・みなし配当とされる金額と

・株式の譲渡原価とされる金額の合計額から

・交付された対価の額（金銭の額又は資産の価額）を減算した金額が

・プラスの値である場合、

　…譲渡損失が生じます→資本金等の額から減算します。

一方、

・みなし配当とされる金額と

・株式の譲渡原価とされる金額の合計額から

・交付された対価の額（金銭の額又は資産の価額）を減算した金額が

・マイナスの値である場合、

　…譲渡利益が生じます→資本金等の額に加算します。

この取扱いは、

・解散した法人が債務超過等で株主法人が残余財産の分配を受けないことが確定した場合

・資本剰余金の額の減少に伴う剰余金の分配

についても同様です。

また、

・完全支配関係にある子法人が清算し、

　　・当該子法人株式の帳簿価額が会社仕訳上、損失として処理されていて
　　　も、

　　・租税法では、資本金等の額のマイナス処理により

子法人株式を消去します。

【資本金等の額の減算が生じるケース】

〈税務仕訳〉

　　（借方）現預金　　　　××　　　（貸方）有価証券　　　××
　　　　　　資本金等の額　××　　　　　　　受取配当金　　××

【資本金等の額の加算が生じるケース】

〈税務仕訳〉

　　（借方）現預金　　　　××　　　（貸方）有価証券　　　××
　　　　　　　　　　　　　　　　　　　　　　受取配当金　　××
　　　　　　　　　　　　　　　　　　　　　　資本金等の額　××

Q3-33 自己株式の取得取引によるグループ法人税制特例に係る具体的計算事例

> 自己株式の取得取引によるグループ法人税制特例に係る具体的な処理事例を教えてください。

Answer

下記となります。

【解 説】

（前提）

・完全支配関係にある親子法人

・発行法人は資本金等の額8,000、利益積立金額40,000

・法人株主は当該法人（発行済株式総数100株）のうち20株を16,000で当初購入

・当該20株を24,000で購入

グループ法人税制下では、完全「親」法人に特例が適用されます。

取得法人においては原則的処理となります。

　　（借方）資本金等の額　　1,600　　　（貸方）現金預金　　　　24,000
　　　　　　利益積立金額　22,400

完全親法人側においては特例的処理を採用します。仮に原則的処理を行ったものと仮定して仕訳すると

　　（借方）現金預金　　　　24,000　　　（貸方）発行法人株式　16,000
　　　　　　株式売却損　　　14,400　　　　　　　受取配当金　　22,400

となります。

特例的処理では譲渡損相当額は「資本金等の額の減少額」となります。

　細分類すると

　　　1,600部分…取得法人株式の譲渡収入と認識

　　　22,400部分…みなし配当と認識

となります。グループ法人税制下では、株式譲渡収入と認識すべき1,600に特例的処理が適用されます。すなわち、原則であれば、譲渡収入1,600と認識すべきものを、譲渡原価相当額で譲渡したものとして認識します（法法62の2⑰）。一方、みなし配当部分22,400は原則的処理が適用されます。

　上記の前提では、完全子法人株式等からの配当に該当するため、全額益金不算入です。

　　（借方）現金預金　　　　24,000　　（貸方）発行法人株式　16,000

　　　　　　資本金等の額　14,400　　　　　　受取配当金　　22,400

Q3-34　株式を低額で取得した法人株主の受贈益へのグループ法人税制の適用

> グループ法人税制は時価よりも有利な価額（低額）による第三者割当増資や発行法人の保有する自己株式の譲渡により、株式を低額で取得した法人株主において認識されることとなる受贈益にも適用されるのでしょうか。

Answer

受贈益は課税対象となります。

【解 説】

法人が第三者割当による新株発行（増資）により新株を引受けた場合の法人税法上の取扱いについて、新株の払込金額等を決定する時の時価よりも概ね10パーセント以上低い価額による発行は、「有利発行」と取り扱われ、それにより取得した有価証券については、原則として、取得した有価証券の取得のために通常要する価額、すなわち、時価をもって取得価額を計上し、払込金額等との差額について、受贈益が認識されます（法令119①四、法基通2－3－7）。

また、会社法（会社法199以下）及び法人税法（法令8①一）においては、株式の発行会社による自己株式の処分（譲渡）は、新株発行（増資）と同一の規定で定められ、同一の処理を行います。これは、株式の対価として金銭等の払込みを受けるという経済的実質が同様であることによるものと解され、引受人からみれば、発行法人から交付を受ける株式の対価として金銭等の払込みを行うという点で共通しています。従って、発行会社が保有する自己株式の第三者割当による買取りについても、時価よりも概ね10パーセント以上低い価額による買取りの場合は、この規定が適用されます。なお、新株や自己株式を「株主等として取得した場合」、すなわ

ち、既存株主にその持株割合に応じて新株や自己株式を割り当てる「株主割当」の場合は、他の株主等に損害を及ぼすおそれがある場合に限り、この規定が適用されます（法基通2－3－8）。

　仮に、時価より低額で新株の発行や自己株式の譲渡がなされたとしても、発行法人においては、資本等取引として、単に資本金等の額を増減することとなりますから、たとえその発行価額や譲渡価額が時価と乖離していても、その差額に対しては、基本的に寄附金課税等の法人税の課税関係は生じません。

　グループ法人税制では、内国法人が当該内国法人との間に完全支配関係（法人による完全支配関係に限ります。）がある他の内国法人に対して支出した寄附金の額は損金不算入とされるとともに（法法37②）、当該他の内国法人が受けた受贈益の額は益金不算入とされる（法法25の2①）特例が適用されます。

　当該グループ法人税制における受贈益の益金不算入の特例の適用対象は、その相手方法人において寄附金の損金不算入規定（法法37）を適用しないとした場合に損金算入される寄附金の額に対応する受贈益の額に限られます（法法25の2①かっこ書）ので、寄附金と受贈益は対応する関係にあります。

　当該寄附金の額に対応する受贈益の解釈については、通達において、内国法人が完全支配関係がある他の内国法人から受けた受贈益の額が、当該他の内国法人において寄附金の額に該当する場合であっても、例えば、他の内国法人が公益法人等であり、その寄附金の額が他の内国法人において法人税が課されない収益事業以外の事業に属する資産のうちから支出されたものである場合、その寄附金の額を他の内国法人において損金の額に算入することができないのであるから、当該受贈益の額は、上記のグループ法人税制が適用される「寄附金の額に対応するもの」には該当しません（法基通4－2－4）。

　同通達の解説書では、「完全支配関係のある内国法人の間において、例

えば、一方の法人が増資を行うに当たり、他方の法人に特に有利な払込金額で募集株式の発行を行う場合（いわゆる有利発行を行う場合）には、有利発行を受けた法人側ではその募集株式の時価とその払込金額との差額について受贈益の額を認識することとなるが、有利発行を行った法人側では資本等取引として払込金額による資本金の増加の処理を行うこととなり、その募集株式の時価と払込金額との差額について何らの処理も行わない（寄附金の額に該当しない）ことから、このような受贈益の額も通達の例と同様に、全額益金不算入の対象とはならない。」と説明されています（税務研究会出版局発行「十訂版法人税基本通達逐条解説」556ページ）。

　したがって、株式を低額で取得した法人株主において受贈益が計上されるとしても、その相手方である発行法人にはそもそも寄附金が発生しません。このため、当該受贈益を益金不算入とすることはできず、単純に受贈益として課税の対象となるものと思われます。

⑷ その他実務上の留意点

Q3-35　みなし配当がある場合の少額判定

> みなし配当がある場合の少額判定に係る具体的な留意事項を教えてください。

Answer

下記となります。

【解 説】

　所得税法においては、上場株式等以外の株式等からの配当が、確定申告を要しない少額配当に該当するかどうかの判定は、内国法人から1回に支払いを受けるべき金額が、10万円に配当計算期間の月数を乗じてこれを12で除した金額以下であるかどうかによるとあります（措法8の5①、外国法人からの配当は除きます。）。

　この計算期間について、みなし配当の場合、配当計算期間を12月として判定します（措令4の3③）。

Q3-36　みなし配当に係る源泉告知処分と権利救済の実務上の留意点

　みなし配当に対する源泉告知処分と権利救済に係る具体的な留意事項を教えてください。

Answer

　下記となります。

【解 説】

　配当所得（みなし配当を含みます。）の支払者には、その支払いの際、所得税を源泉徴収し国に納付する義務が課されています。このためみなし配当課税に不服がある場合の権利救済手続は、多くの場合、源泉告知処分を巡る争訟になります。

　告知処分に不服がある場合、源泉徴収義務者である配当支払者は、告知処分につき不服審査、取消訴訟等の方法で争うことになります。

　配当所得の実質納税者である配当受領者は、告知処分そのものについて上記等で争うことはできません。

　配当所得の実質納税者である配当受領者は源泉徴収金額につき、配当支払者を相手に未払配当支払請求権等を行使して民事手続で救済を求めることが可能です。

　みなし配当に係る源泉徴収に不服のある受領者は、確定申告の段階で、配当所得として源泉徴収された支払いについて、所得に含めないで申告することや、所得分類を配当所得以外の所得として申告するなどの方法で、その意思を表示します。

　当該申告につき、所得税、法人税の更正が行われた場合、その課税処分につき不服申立て等を行うなどの手段をとることで、祖税法上の手続により当否を争うことになります。

Q3-37 被合併法人所有の合併法人株式を合併法人が取得した時の特例に係る具体的計算事例

合併に伴い、被合併法人が保有している合併法人株式を合併法人が取得した時に、合併法人で特例的処理が適用される場合（税制適格合併、税制非適格合併共通）に係る具体的な処理事例を教えてください。

Answer

下記となります。

【解 説】

（前提）
・被合併法人は資本金等の額8,000、利益積立金額40,000
・被合併法人は資産に合併法人株式800、その他資産47,200

税制適格合併では

　（借方）自己株式　　　　　800　　（貸方）利益積立金額　40,000
　　　　　その他資産　47,200　　　　　　　資本金等の額　　8,000

となります。自己株式の取得対価相当額について資本金等の額の減少と認識します。そのため、合併法人では追加で下記の仕訳を切ります。

　（借方）資本金等の額　8,000　　（貸方）自己株式　　　　　8,000

Q3-38　株式交換完全子法人が保有していた自己株式の解消方法

> 　株式交換完全子法人が株式交換前に保有していた自己株式の解消方法についてご教示ください[2]。

Answer

　下記の方法が一般的です。

【解 説】

1 ）交換前：自己株式の消却、みなし配当にご留意ください。

2 ）交換後の対策：

　①　親会社に株式完全子法人が有する親法人株式を買い取ってもらう。

　②　親会社に対して、親法人株式を管理する事業を譲渡する。

　③　親会社株式の現物分配を行う。

　なお、この場合の税制適格現物分配は、金庫株と同様の特殊関係になります。

　したがって、上記 2 ）①～③においては 2 ）①の方法が実務に最も簡単的といえます。

（参照）

> 　株式交換により株式交換完全子法人が有する自己株式に対して交付を受けた株式交換完全親法人株式の取得価額について

2　KPMG 税理士法人編著『M&A ストラクチャー税務事例集』（税務経理協会2012年）333
　～338頁

【照会要旨】

　A社とB社は、両社の代表取締役である甲及びその親族を株主とするグループ会社です。今般、A社を株式交換完全親法人とし、B社を株式交換完全子法人とする株式交換（以下「本件株式交換」といいます。）を行い、その対価としてA社株式のみを交付することとしています。

　B社は、本件株式交換前に自己株式を保有しているため、本件株式交換に伴いA社からB社の保有する自己株式に対してA社株式が交付されますが、この場合、B社の自己株式に対して交付を受けるA社株式の取得価額はいくらとなりますか。

　なお、B社は、本件株式交換後、保有することとなるA社の株式を同社に譲渡する等により処分する予定です。

【回答要旨】

　本件株式交換によりB社が交付を受けたA社株式の取得価額は、零円となります。

（理由）

　1　株式交換完全子法人の株主が株式交換により交付を受けた株式交換完全親法人株式の取得価額は、その株式交換が株式交換完全親法人の株式以外の資産が交付されなかったものである場合には、その株式交換完全子法人株式の当該株式交換の直前の帳簿価額に相当する金額とされています（法令1191九）。

　2　本件株式交換で、B社の自己株式に対して交付を受けるA社株式の取得価額は、その自己株式の本件株式交換の直前の帳簿価額に相当する金額となりますが、自己株式の取得時にその取得価額に相当する金額が資本金等の額から減算されているため、このような自己株式の帳簿価額をどのように考えるのか疑問が生ずるところです。

　　　この点、法人税法において、有価証券からは、自己が有する自己の株式を除くこととされ（法法2二十一）、自己株式を取得した場合には、自己株式の取得資本金額（法令81二十）又は自己株式の取得の対価の額

に相当する金額（法令81二十一）を資本金等の額から減算することとされており、自己株式は、その取得や処分の場面に限らず、その保有の場面においても資産として取り扱わないとされているものであり、自己株式には帳簿価額はないこととなります。したがって、B社が本件株式交換により交付を受けたA社株式の取得価額は、B社株式の本件株式交換の直前の帳簿価額に相当する金額、すなわち、零円となります。

【関係法令通達】

法人税法第2条第21号

法人税法施行令第8条第1項第20号、第21号、第119条第1項第9号

（参照）

1株当たりの配当金額B－自己株式の取得によるみなし配当の金額がある場合

【照会要旨】

　自己株式を取得することにより、その株式を譲渡した法人に法人税法第24条第1項の規定により配当等とみなされる部分（みなし配当）の金額が生じた場合、類似業種比準方式により株式取得法人（株式発行法人）の株式を評価するに当たり、「1株当たりの配当金額B」の計算上、そのみなし配当の金額を剰余金の配当金額に含める必要がありますか。

【回答要旨】

　みなし配当の金額は、「1株当たりの配当金額B」の計算上、剰余金の配当金額に含める必要はありません。

　この場合、「取引相場のない株式（出資）の評価明細書」の記載に当たっては、「第4表　類似業種比準価額等の計算明細書」の（2．比準要素等の金額の計算）の「丸6年配当金額」欄にみなし配当の金額控除後の金額を記

載します。

（理由）

　みなし配当の金額は、会社法上の剰余金の配当金額には該当せず、また、通常は、剰余金の配当金額から除くこととされている、将来毎期継続することが予想できない金額に該当すると考えられます。

【関係法令通達】

財産評価基本通達183(1)

法人税法第24条

（参照）

【新設】法人税基本通達（抱き合わせ株式に株式等を割り当てなかった場合）

12の2－1－3　　法人が合併法人となる合併又は分割承継法人となる分割型分割を行った場合に、当該法人が被合併法人の株式（出資を含む。以下12の2－1－3において同じ。）又は分割法人の株式を有しているときにおける法第61条の2第4項《合併及び分割型分割による株式割当等がない場合の譲渡利益額又は譲渡損失額の計算》に規定する株式割当等を受けたものとみなされる自己の株式につき、法第2条第17号ナ《定義》の規定を適用するときの「自己の株式の帳簿価額に相当する金額」は、次に掲げる区分に応じ、それぞれ次に掲げる価額となることに留意する。

　(1)　適格合併又は適格分割型分割の場合法第61条の2第2項《有価証券の譲渡益又は譲渡損の益金又は損金算入》に規定する「合併の直前の帳簿価額に相当する金額」又は同条第3項に規定する「分割型分割の直前の分割純資産対応帳簿価額」

　(2)　適格合併に該当しない合併又は適格分割型分割に該当しない分割型分割で合併法人の株式又は分割承継法人の株式のみが交付される場合

　　　(1)に掲げる金額と法第24条第1項の規定により計算される利益の配当

　　等とみなす金額との合計額

　(3)　(1)又は(2)以外の場合当該株式割当等を受けたものとみなされる自己
　　の株式の法第62条第1項後段《合併及び分割による資産等の時価によ
　　る譲渡》の規定による合併又は分割の時の価額

（解説）

(1)　親会社が子会社を吸収合併する場合に、その合併に際し、合併法人
　が合併前から有する被合併法人の株式（抱き合わせ株式）に合併法人
　の株式の割当てを行わないことがある。この場合でも課税所得の計算
　においては、合併法人がいったん一般の株主と同一の基準により合併
　法人の株式割当等を行ったものとみなされる（法法242、法令231）。

　　したがって、その合併が非適格合併である場合には、合併交付株式
　の額のうち被合併法人の資本等の金額に対応する金額を超える部分に
　ついて、被合併法人の株主においてみなし配当課税が生じることにな
　る（法法241）。

　　また、合併に際して株式以外の金銭等を交付する場合には、被合併
　法人の株主においてみなし配当課税に加え、旧株式の譲渡損益課税が
　行われることになる（法法61の24）。

(2)　しかしながら、抱き合わせ株式に対して合併法人の株式等を割り当
　てない場合には、現実には、合併法人は自己株式を取得していないこ
　とから、この株式割当等を受けたものとみなされた自己株式について
　の処理が問題となる。

　　この点について、平成13年度税制改正前の取扱いにおいては、抱き
　合わせ株式の消滅による損失の額、いわゆる株式消却損は、1減資益
　に相当する金額、2資本積立金額、3利益積立金額、4合併差益金の
　うち1から3までに掲げる金額以外の金額、5受入資産の含み益、の
　順序に従って補てんすることとされていた（旧法基通4-2-9）。

　これに対して、改正後の法令においては、その株式割当等を受けた
ものとみなされる自己の株式の帳簿価額に相当する金額は資本積立金
額から減算することとされている（法法2十七ナ）。

　この場合の株式割当等を受けたものとみなされる「自己の株式の帳
簿価額に相当する金額」は、株式割当等を受けたものとみなされた場
合の課税関係を調整した上での帳簿価額であり、それは、適格合併か
あるいは非適格合併かによって、更に、非適格合併でも株式以外の資
産の交付があるか否かによって異なるため、実務上は混乱が生じやす
い。

　そこで、本通達では、合併の態様を次の三つに区分してそれぞれの
場合における資本積立金額から減算する「自己の株式の帳簿価額に相
当する金額」を明らかにしている。

　なお、分割型分割についても、同様の取扱いとなる。

イ　その合併が適格合併等の場合には、抱き合わせ株式の合併等の直
　前の帳簿価額を消却することとなるので、同額が自己株式の帳簿価
　額に相当する金額となる。

ロ　その合併が非適格合併で新株のみが交付される場合には、みなし
　配当課税が行われる可能性があることから、合併直前の帳簿価額に
　みなし配当の金額を加算した金額が自己株式の帳簿価額に相当する
　金額となる。

ハ　更に、その合併が非適格合併で新株以外の資産、例えば合併交付
　金が交付される場合には、上記のみなし配当のほか、譲渡損益の金
　額も調整した金額、つまりその株式割当等を受けた時の自己株式の
　価額（時価）が自己株式の帳簿価額に相当する金額となる。

(3)　ところで、合併法人は、上記の抱き合わせ株式の有無にかかわら
　ず、合併により移転を受けた資産及び負債の純資産価額（非適格合併
　の場合には、当該合併により交付した当該法人の株式等の資産の当該合併

の時の価額をいい、適格合併の場合には、被合併法人の当該適格合併の日の前日の属する事業年度終了の時の当該移転資産の帳簿価額から当該移転負債の帳簿価額及び当該適格合併により引継ぎを受けた利益積立金額を減算した金額をいう。）から当該合併により増加した資本の金額等を減算した金額を、資本積立金額に加算することとされている（法法２十七ハ）。

　したがって、抱き合わせ株式に対して合併法人の株式等を割り当てない場合には、抱き合わせ株式に対応する資本金額相当額を上記により資本積立金額に加算する一方、「自己の株式の帳簿価額に相当する金額」を資本積立金額から減算することになり、この結果、これらの差額が合併による資本積立金額の正味の増加額（マイナスの場合は減算額）となる。

【参 考】

株式を譲渡した場合の取得費に係るエビデンス

> 株式を譲渡した場合の取得費に係るエビデンスを教えてください。

Answer

　上場企業株式売却と取引相場のない株式を売却する場合で対応は異なります。取引相場のない株式は通常旧券面額（旧会社法にあった資本金計算における1口当たり旧券面額）で計算せざるを得ないケースが多く、これと概算取得費の比較になります。したがって下記では詳細な解説を加えません。

　なお、本書の主題ではないため詳細説明は一切割愛しますが、取引相場のない株式については、売却する前に組織再編成等々を用いて税務上の取得原価（取得費）を再計算（取得原価を増加させる）される手法もあります。

【解 説】

　上場企業株式売却における取得費の証拠は非常に単純です。下記は大阪国税局資産課税課、資産課税関係 誤りやすい事例（株式等譲渡所得関係 令和3年分用）も参考にしています。

○証券会社が発行する取引報告書

　　取引報告書以外に、取引残高報告書・月次報告書・受渡計算書

○証券会社に直接確認

　　証券会社で過去10年分について保存が義務付けられている「顧客勘定元帳」の法定帳簿

○信託銀行等が発行する株式異動証明書 名義書換日が判明する場合に限ります。

○「名義書換日」さえわかれば、取得時期を把握して、その時期の相場をもとに取得費を独自算定

○預金通帳

　日記やメモ等々でも可能。これは不動産の取得費と同じです。

　令和元年11月28日裁決（裁事117集）は、「有償取得されたことを前提に、名義書換日の相場（終値）で取得価額を算定することも明確かつ簡便な推定方法として合理性を有する取得価額の把握方法であると解される」と判断しており、上記方法「○「名義書換日」さえわかれば、取得時期を把握して、その時期の相場をもとに取得費を独自算定」について有償取得されたことを前提に、名義書換日の相場（終値）で取得価額を算定することも明確かつ簡便な推定方法として合理性を有する取得価額の把握方法であるとされています。

重要情報

（譲渡所得 取得価額の認定 その他）
　請求人が相続により取得した上場株式の譲渡所得に係る取得費は、当該株式の被相続人への名義書換日を取得時期とし、その時期の相場（終値）によって算定することも合理的な取得費の推定方法であると判断した事例（令01−11−28公表裁決）TAINSコード J117−2−05

《ポイント》

　本件は、請求人が相続により取得した上場株式の譲渡所得の計算上、控除する取得費に算入する金額は、当該株式の被相続人への名義書換日を確認し、当該名義書換日の終値により算定することも合理性を有する取得価額の把握方法であると判断したものである。

《要旨》

　原処分庁は、請求人が相続により取得した上場株式（本件株式）の取得費について、できる限りの調査を尽くしたものの、有償で取得した上場株式等はごく一部であり、大部分の上場株式等の実際の取得価額は判明しなかった旨主張する。

　しかしながら、名義書換日が判明している株式については、当該名義書換日を取得時期とし、その時期の相場（終値）で取得価額を算定することも、明確かつ簡便な推定方法として合理的であると解されるから、本件株式の取得費は概算取得費によらず、総平均法に準ずる方法により算定すべきである。

（参照）
○国税庁課税部資産課税課情報「株式譲渡益課税のあらましQ&A」
　（平成31年1月）問19「従業員持株会を通じて取得した株式の取得費等」
　1　従業員持株会（以下「持株会」という。）を通じて取得した株式は、手元にある「投資等報告書」(注1)や「退会（引出）精算書」(注2)などに記載されている「簿価単価」(注3)を基に取得費を計算して差し支えない。
　　（注1）「投資等報告書」（名称は持株会によって異なる。）は、半年に1回、持株会から各会員に通知され、拠出金額、取得株式数、簿価単価（1株あたりの取得単価）などが記載されている。ただし、その記載内容は持株会によって異なり、簿価単価が記載されていない場合もある。
　　（注2）「退会（引出）精算書」（名称は持株会によって異なる。）は、退会時又は一部引出し時に持株会から各会員に交付され、退会時点又は一部引出し時点での拠出金額、取得株式数、簿価単価（1株あたりの取得単価）などが記載されている。ただし、その記載内容は持株会によって異なり、簿価単価が記載されていない場合もある。
　　（注3）「簿価単価」の記載がない場合には、「拠出金額」を「取得株式数」で除した金額とする。
　2　投資等報告書等がない場合や投資等報告書等では上記1の方法による取得費の計算ができない場合には、（持株会から引き出したときの）名義書換日の相場（金融商品取引業者のデータベースや当時の新聞記事等による終値）を基に取得費を計算して差し支えない。

※持株会を通じて取得した株式のほかに、同一銘柄株式を購入等している場合には、持株会を通じて取得した株式の取得価額と持株会以外で購入等した株式の取得価額とを基に、総平均法に準ずる方法により計算した１株当たりの取得費に売却株数を乗じて計算した金額が株式の収入金額から控除される取得費となる。

（プロフィール）

伊藤 俊一（いとう しゅんいち）

伊藤俊一税理士事務所代表。
愛知県生まれ。税理士。愛知県立旭丘高校卒業、慶應義塾大学文学部入学。一橋大学大学院国際企業戦略研究科経営法務専攻修士、同博士課程満期退学。
事業承継・少数株主からの株式集約（中小企業の資本政策）・相続税・地主様の土地有効活用コンサルティングについて累積数百件のスキーム立案実行、税理士・公認会計士・弁護士・司法書士等からの相談業務、会計事務所、税理士法人の顧問業務、租税法鑑定意見書、各種FAS業務鑑定意見書作成等々を主力業務としている。

【主な著書】
Q&A 同族法人をめぐるオーナー社長の貸付金・借入金消去の税務（2023年）
非上場株式評価チェックシート（2023年）
新版 Q&A 非上場株式の評価と戦略的活用手法のすべて（2022年）
新版 Q&A みなし贈与のすべて（2022年）
Q&A 配当還元方式適用場面のすべて（2021年）
Q&A 所得税・消費税における みなし贈与のすべて（2021年）
Q&A みなし配当のすべて（2020年）
Q&A 課税実務における 有利・不利判定（2020年）
Q&A「税理士（PF)」「弁護士」「起業CFO」単独で完結できる 中小・零細企業のためのM&A 実践活用スキーム（2020年）
Q&A 中小・零細企業のための 事業承継戦略と実践的活用スキーム（2019年）
Q&A 中小企業のための 資本戦略と実践的活用スキーム（2019年）
（以上、ロギカ書房）
税務署を納得させるエビデンス—決定的証拠の集め方— 1 個人編
税務署を納得させるエビデンス—決定的証拠の集め方— 2 法人編
税務署を納得させるエビデンス—決定的証拠の集め方— 3 相続編
（2023年）（以上、ぎょうせい）

［Q&A］
自己株式の
取得・処分・消却に係る
税務

発 行 日　2023年11月10日

著　　者　伊藤 俊一

発 行 者　橋詰 守

発 行 所　株式会社 ロギカ書房
　　　　　〒 101-0052
　　　　　東京都千代田区神田小川町 2 丁目 8 番地
　　　　　進盛ビル 303 号
　　　　　Tel 03（5244）5143
　　　　　Fax 03（5244）5144
　　　　　http://logicashobo.co.jp/

印刷・製本　藤原印刷株式会社

定価はカバーに表示してあります。
乱丁・落丁のものはお取り替え致します。
©2023　Shunichi Ito
Printed in Japan
978-4-911064-00-9　C2034

「税務質問会」のご案内　https://myhoumu.jp/zeimusoudan/

質問

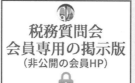

税務質問会
会員専用の掲示版
（非公開の会員HP）

回答

伊藤 俊一

会員の先生からの質問
（他の会員には匿名）

メール配信（質問者の名前は非公開）

他の会員

質問できる内容は、過去の会計や税務に関する処理や判断（国際税務を除く）についてです。

以下のスキームやプランニングなどの提案に関する内容は対象外です。
（別サービス「節税タックスプランニング研究会」の対象）

節税対策やスキーム／保険活用の節税手法／ M&A ／事業継承スキーム／
組織再編／相続対策相続に関連する不動産の問題（借地権など）／
税務上適正株価算定／株価対策やスクイーズアウトを含む株主対策／
新株発行・併合・消却など株式関連／民事信託など

特徴と利用するメリット

税務に関する
質問・相談ができる

他の会員の質疑応答の
内容を見ることができる

税務に関する解説動画
30本以上が
ワンポイント解説
36種類が視聴できる

実務に役立つ
セミナー動画を
初月無料で視聴できる

弁護士監修の
一般企業用書式
400種類が利用できる

DVD/書籍を
割引購入できる

●初月無料で以下のサービスを利用できます。

【1】税務に関する質問・相談（専用フォームから何度でも質問できます）

【2】実務講座の視聴

① 社長貸付金・社長借入金を解消する手法と留意点

② 役員給与の基本と留意点

③ ミス事例で学ぶ消費税実務の留意点（基本編）

④ 税務質疑応答事例〜法人税法・所得税法〜

⑤ 税務質疑応答事例〜相続・贈与〜

⑥ 税務質疑応答事例〜役員給与・固定資産税編〜

⑦ 税務質疑応答事例〜消費税編〜

●正会員になると実務講座を視聴できます。（プレミアムプランの場合）

01 Ｑ＆Ａ課税実務における有利・不利判定

02 税理士が見落としがちな「みなし贈与」のすべて

03 借地権に関する実務論点

04 不動産管理会社と不動産所有型法人の論点整理

05 「税理士（FP）」「弁護士」「企業CFO」単独で完結できる中小企業・零細企業のためのM&A実践活用スキーム

06 中小企業のための資本戦略と実践的活用スキーム＜組織再編成・スクイーズアウト・税務上適正評価額＞

07 中小・零細企業のための事業承継戦略と実践的活用スキーム

08 非上場株式の評価と戦略的活用スキーム（事業承継スキーム編）

09 非上場株式の評価と戦略的活用スキーム（株式評価編）

10 事業廃止の最適タイミングと盲点・留意点

11 会計事務所で完結できる財務＆税務デュー・デリジェンス「財務ＤＤ・税務ＤＤ報告書作成法」

12 会計事務所で完結できるＤＣＦ法による株価評価報告書作成法

13 ミス事例で学ぶ消費税実務の留意点（基本編）

14 今更聞けない不動産M&A〜不動産M&Aの基本〜

15 役員給与の基本と留意点

16 役員退職金の基本と留意点

17 ミス事例で学ぶ消費税実務の留意点（中級編）

18 ミス事例で学ぶ消費税実務の留意点（上級編）

19 税務調査の勘所と留意点「事前準備と調査対応」の基本

20 税務調査の勘所と留意点「調査時の対応方法」

【会費】

スタンダードプラン	プレミアムプラン
●初月　無料	●初月　無料
●２カ月目以降　月8,800円（税込）	●２カ月目以降　月13,200円（税込）
①専用フォームから質問・相談できる	①専用フォームから質問・相談できる
②実務講座（スタンダード）12種類	②実務講座（スタンダード）12種類
③特典書式400種類（一般企業用）	③実務講座（プレミアム）40種類以上
	④特典書式400種類（一般企業用）

運営：伊藤俊一税理士事務所　　事務局：株式会社バレーフィールド
お問い合わせ先【TEL】03-6272-6906　【Email】book@valley-field.com
【WEBサイト】https://myhoumu.jp/zeimusoudan/

「節税タックスプランニング研究会」のご案内 https://myhoumu.jp/lp/taxplanning/

質問

節税タックス
プランニング研究会
会員専用の掲示板
(非公開の会員HP)

会員の先生からの質問
(他の会員には匿名)

回答

伊藤 俊一

↓↑ メール配信（質問者の名前は非公開）

他の会員

この研究会で質問できる内容は以下の通りです。
①過去の会計や税務に関する処理や判断（税務質問会と同様）
　※事前に調べることなく、すぐに質問できる点で「税務質問会」と異なります。
②これから実施する税務に関連するスキーム等
節税対策やスキーム／保険活用の節税手法／ M&A ／事業継承スキーム／
組織再編／相続対策相続に関連する不動産の問題（借地権など）／
税務上適正株価算定／株価対策やスクイーズアウトを含む株主対策／
新株発行・併合・消却など株式関連／民事信託など
※①②いずれも国際税務を除く

「節税タックスプランニング研究会」の特徴と利用するメリット

事前調べなしに、税務や
タックスプランニングについて
質問・相談ができる

他の会員の質疑応答の
内容を見ることができる

税務・タックスプランニングに
関する解説動画40種類
ワンポイント解説
36種類が視聴できる

実務に役立つ
セミナー動画を
初月無料で視聴できる

弁護士監修の
一般企業用書式
400種類が利用できる

DVD/書籍の
割引購入が可能

●初月無料で以下のサービスを利用できます。
【1】過去の会計や税務に関する処理や判断および節税策やタックスプランニング
　　に関する質問・相談
【2】実務講座の視聴
① 節税商品のトレンドと利用時の留意点
② 「税理士（FP）」「弁護士」「企業 CFO」単独で完結できる中小企業・零細企
　　業のための M&A 実践活用スキーム
③ 中小企業のための資本戦略と実践的活用スキーム＜組織再編成・スクイーズ
　　アウト・税務上適正評価額＞
④ 中小・零細企業のための事業承継戦略と実践的活用スキーム
⑤ 非上場株式の評価と戦略的活用スキーム（事業承継スキーム編）
⑥ 非上場株式の評価と戦略的活用スキーム（株式評価編）
⑦ 税務質疑応答事例〜法人税法・所得税法〜
⑧ 税務質疑応答事例〜相続・贈与〜
⑨ 税務質疑応答事例〜役員給与・固定資産税編〜
⑩ 税務質疑応答事例〜消費税編〜

●正会員になると実務講座を視聴できます。（プレミアムプランの場合）
税務質問会（プレミアムプラン）の実務講座41種類に加えて、以下の講座を視聴
できます。
42　金融機関提案書の読み解き方と留意点
43　会社を設立する際のタックスプランニングと留意すべき事項
44　増資や減資を行う際のタックスプランニングと留意すべき事項
45　富裕層向け節税プランニングの基本プロセスと留意点
46　会社分割によるタックスプランニングの基本と留意点
47　各種節税プランニングといわれている事例の概要と税務上の留意点
48　組織再編成と事業承継・再生に係るプランニングの基本
49　事業承継のタックスプランニング
50　事業再生のタックスプランニング
51　「廃業」と「倒産」における税務の基本と留意点

【会費】

スタンダードプラン	プレミアムプラン
●初月　無料	●初月　無料
●２カ月目以降　月19,800円（税込）	●２カ月目以降　月24,200円（税込）
①専用フォームから質問・相談できる	①専用フォームから質問・相談できる
②実務講座（スタンダード）11種類	②実務講座（スタンダード）11種類
③特典書式400種類（一般企業用）	③実務講座（プレミアム）40種類以上
	④特典書式400種類（一般企業用）

運営：伊藤俊一税理士事務所　　事務局：株式会社バレーフィールド
お問い合わせ先【TEL】03-6272-6906　【Email】book@valley-field.com
【WEB サイト】https://myhoumu.jp/lp/taxplanning/